I0118072

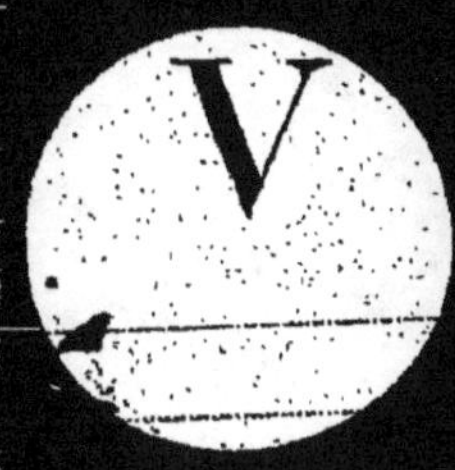
V

ÉTUDES

SUR

L'ART DE CONDUIRE LES TROUPES

PAR

VERDY DU VERNOIS
Lieutenant Colonel à la suite de l'État-major
de l'armée Prussienne, chargé de la direction des affaires
comme chef de division près du grand État-major

PREMIÈRE SECTION

AVEC 4 PLANCHES

TRADUIT DE L'ALLEMAND

BRUXELLES
C. MUQUARDT, ÉDITEUR
HENRY MERZBACH, SUCC^r, LIBRAIRE DE LA COUR
MÊME MAISON A GAND & A LEIPZIG

PARIS, J. DUMAINE
30, RUE & PASSAGE DAUPHINE
1871

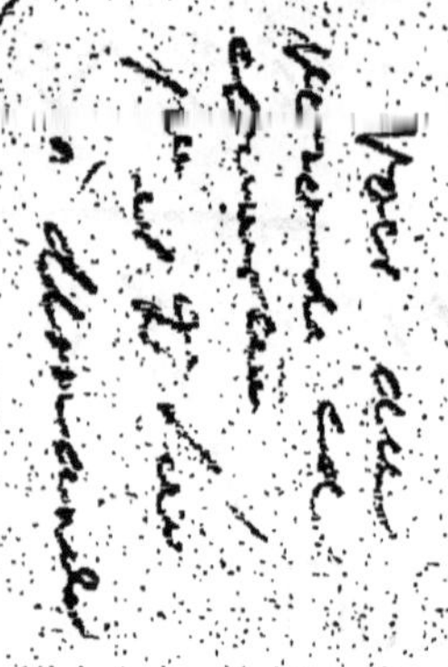

L'ART

DE

CONDUIRE LES TROUPES

TYPOGRAPHIE DE M. WEISSENBRUCH
IMPRIMEUR DU ROI

RUE DU MUSÉE, 11, A BRUXELLES

ÉTUDES

SUR

L'ART DE CONDUIRE LES TROUPES

PAR

VERDY DU VERNOIS

Lieutenant Colonel à la suite de l'État-major
de l'armée Prussienne, chargé de la direction des affaires
comme chef de division près du grand État-major

PREMIÈRE SECTION

AVEC 4 PLANCHES

TRADUIT DE L'ALLEMAND

BRUXELLES
C. MUQUARDT, ÉDITEUR
HENRY MERZBACH, SUCC^r, LIBRAIRE DE LA COUR
MÊME MAISON A GAND & A LEIPZIG

PARIS, J. DUMAINE
30, RUE & PASSAGE DAUPHINE
1871

PRÉFACE.

Parmi tous les enseignements à tirer de l'expérience de notre dernière campagne, il en est un surtout des plus dignes d'attirer l'attention des officiers ; nous voulons parler du service des marches.

Il importe, dans la grande guerre surtout, que les marches soient toujours ordonnées et exécutées avec la plus grande précision possible, et avec le plus grand ménagement des forces du soldat ; sinon, il en résulte du mécontentement général, des fatigues excessives et inutiles imposées aux troupes. L'indiscipline en est la conséquence, et les combinaisons sont souvent manquées par l'arrivée tardive des corps aux lieux où ils doivent combattre.

Il est donc essentiel que les officiers soient exercés à ce service pratique, et que l'application des principes qui doivent présider à l'exécution des marches soit l'objet des études les plus sérieuses de la part de ceux qui ont la haute direction des troupes.

La dernière expérience a démontré suffisamment la nécessité de s'initier à l'étude de ce service pendant la paix, si l'on veut qu'il s'exécute bien en campagne, et de se familiariser avec tous les éléments qui doivent concourir à la bonne exécution des marches, spécialement dans la grande guerre.

Aussi l'ouvrage, dont nous donnons ici la traduction, nous a paru de la plus grande utilité, pour attirer l'attention des officiers sur ce sujet.

Il contient l'exposition de la méthode appliquée, enseignée dans les établissements d'instruction militaire de la Prusse, et présentée à l'étude particulière des officiers qui se destinent à la haute direction des troupes, ou sont appelés, comme officiers d'état-major, à devenir les organes de cette direction.

A ce titre, les études dont il s'agit ne peuvent manquer d'être du plus haut intérêt pour l'instruction des officiers en général, et en particulier des officiers qui se destinent au service des états-majors.

On en tirera en même temps des enseignements utiles, relatifs au service d'éclaireurs de la cavalerie, au service des avant-postes, des reconnaissances.

Enfin, il ne sera pas sans intérêt de voir avec quelle attention scrupuleuse nos voisins ne négligent rien de ce qui doit concourir au maintien de la discipline, jusque dans les moindres détails.

Naumburg, le 20 février 1870.

A. Masson,

Capitaine d'état-major, dans l'armée française.

PROGRAMME.

INTRODUCTION.

Diverses sciences servent de base *à l'emploi des troupes* à la guerre ; mais *la conduite des troupes* est en elle-même un art.

Quoique les éléments, qu'on fait mouvoir à la guerre, subissent des changements relativement peu importants, l'art de conduire les troupes a à résoudre des problèmes de nature si variée, qu'il est impossible de le resserrer dans des limites bien déterminées.

La *tactique pratique* l'essaie bien en vérité ; mais dans le domaine tout entier des sciences militaires, la tactique et la stratégie paraissent, en raison de leur but, les moins propres à recevoir une forme purement scientifique.

On peut se proposer plusieurs buts. Mais si l'on veut tirer de la tactique pratique un avantage effectif, réel, un tel avantage ne peut se produire, *que si elle nous prépare à la conduite des troupes à la guerre ou à en être les organes utiles* (officiers d'état-major, aides-de-camp, officiers d'ordonnances), *autant qu'il est possible d'y arriver, même par d'autres voies que la pratique.* Car, dans la réalité, il ne s'agit pas de pouvoir fournir une *bonne dissertation* sur un thème donné, mais de s'entendre à *agir convenablement* dans un cas donné.

La théorie de la tactique pratique procure, il est vrai, le premier résultat ; mais l'on ne peut obtenir le deuxième, que si l'on y est exercé.

De plus, la théorie a à lutter avec l'inconvénient mentionné plus haut : que la nature de la guerre ne se laisse pas resserrer dans des divisions fixes. Si on l'essaie cependant, il est impossible d'en prévoir d'une manière définitive toutes les circonstances. Et cependant, dans la plupart des cas, ces circonstances sont d'une influence décisive. La tactique pratique donne au terrain une influence exagérée, et très souvent le *terrain* seul en règle la division tout entière. On y trouve des combats de bois, de village, de défilé, des passages et défenses de rivières, combats pour des hauteurs, en plaine, dans la montagne, etc. De là naissent des théories qui, comme tous les travaux de ce genre, se résument en phrases déterminées, et amènent à vouloir donner *des règles pour tout,* par conséquent, vont absolument trop loin dans cette voie.

Si l'on considère la tactique pratique, sous les

points de vue, qui lui sont propres, du terrain et des règles, elle présente, dans son développement historique comme dans son essence, les phénomènes suivants :

La tactique du XVIIIe *siècle,* encore pratiquée au commencement du nôtre, donnait une valeur infinie aux formes élémentaires et une valeur extraordinairement petite au terrain. Ainsi l'on trouve dans l'histoire de la guerre de sept ans, de Tempelhof, ceci : « On doit disposer le village de telle sorte, que deux ou plusieurs bataillons puissent le traverser de front; sinon, on ne peut le défendre. » Les guerres de la Révolution apportèrent un grand changement dans la tactique : tout terrain qui, en général, était seulement praticable, fut pratiqué naturellement, et les formes, dont on avait besoin, se développèrent de plus en plus avec le temps.

Le terrain acquit une importance qu'il n'avait jamais eue auparavant. Mais, quand les faits ont produit une théorie nouvelle, on est généralement porté à en exagérer l'importance; il en fut de même ici.

Vint le temps où l'on discuta si le bataillon défend la montagne, ou la montagne le bataillon. Ces erreurs furent, à la vérité, bien vite dissipées; mais il en resta quelque chose, et le terrain, dans la plupart des théories, joua jusqu'aujourd'hui, d'une manière différente, il est vrai, le principal rôle.

On ne peut certainement lui dénier une grande

importance ; mais, dans la plupart des cas, elle n'arrive néanmoins qu'en deuxième ligne. *Car, presque toujours dans la grande guerre, les circonstances au milieu desquelles on se bat, l'emportent sur les considérations relatives au terrain.* On combat alors pour le village, la hauteur, le bois, pour le terrain enfin tel qu'il se présente, d'une manière toute différente, *suivant les moyens et le but du combat.*

Il ne faut pas regarder le *but du combat,* comme une chose accessoire, et le négliger, sous prétexte qu'il rentre dans le domaine de la stratégie. En séparant la tactique de la stratégie, les théories ont séparé deux notions inséparables, pour permettre à un conducteur de troupes d'avoir *sa liberté d'action* dans le combat.

Les circonstances dans lesquelles on se bat, la manière dont on se bat alors, sont deux choses intimement liées ; la 1re entraîne la 2e ; et celui qui n'a appris que la deuxième est privé d'un élément d'instruction, sans lequel aucun chef de troupe, depuis le lieutenant jusqu'au général en chef, ne peut agir utilement et d'une manière *indépendante.*

Quant aux règles, elles ne peuvent avoir qu'une valeur limitée ; car on ne peut les employer qu'autant qu'on peut embrasser toutes les circonstances et les dominer d'une manière absolue. Ainsi on peut donner des règles, ou plutôt des *axiômes,* pour des dispositions de marche, tant que ces dispositions ne regardent que vos propres troupes ;

ainsi on peut apprendre certaines règles pour le placement des avant-postes, on peut indiquer sur quel point une batterie a à faire feu suivant les circonstances. Mais, pour la conduite d'un combat, pour la direction des troupes en grand, on ne peut donner aucune règle; car elles se réduiraient à des phrases, puisque l'on ne peut embrasser ni dominer les circonstances d'une manière absolue. Si les règles devaient rester valables *pour toutes les circonstances* de la guerre, elles se réduiraient en axiômes, comme dans les mathématiques : deux choses semblables, ajoutées l'une à l'autre, donnent un tout semblable; si elles doivent dire davantage, chaque situation nouvelle forme une nouvelle exception.

La règle demande d'occuper une forte section de terrain : la situation particulière de la guerre oblige d'aller au delà; nous devions battre, puisque nous étions les plus forts; mais nous revenons, parce que nous sommes plus nécessaires ailleurs, etc.

Toujours le cas concret décide; telle règle est exacte dans un cas, inexacte dans un autre.

La science exacte fonde un deuxième principe sur un premier déjà démontré, et construit ainsi une théorie complète; la vie pratique, et avant tout la guerre, se trouve en présence de grandeurs variables, non calculables; elle ne peut qu'embrasser le cas présent d'une manière incomplète, et, de ce cas, elle ne peut en déduire un deuxième.

Malgré cela, on trouve beaucoup trop souvent

encore, dans les livres sur la stratégie, des phrases comme celles-ci : « Massez vos forces sur le point faible de l'ennemi, ou, si l'ennemi le fait, vous devez prendre telles mesures. » Que devient alors la nature du combat et de la guerre? L'adversaire ne nous fait certainement pas le plaisir de nous dire quelles forces il a devant nous, quelles sont ses vues générales, sa mission spéciale, et comment il cherche à atteindre son but. Nous nous apercevons de tout cela, souvent d'une manière très sensible, dans le combat; mais nous en apprenons encore davantage immédiatement après le combat; la plupart cependant de ces détails ne nous parviennent que longtemps après, par l'histoire de la guerre. Le 8e corps d'armée autrichien n'exagérait-il pas la force de son adversaire, après la rencontre de Skalitz, quand il croyait avoir combattu avec deux corps prussiens? Pareille chose n'arriva-t-elle pas encore, après la campagne, au 6e corps autrichien, et à la brigade de cavalerie de Wnuck, relativement à la rencontre de Nachod? N'y eût-il pas dans les combats de l'année 1866 cent cas, où les deux adversaires ont faussement apprécié les forces et les projets de l'ennemi, jusqu'à ce que les ouvrages officiels eussent fourni des éclaircissements à ce sujet?

La raison en est très simple. Chacun des deux adversaires fait son possible pour cacher tout à l'autre, et, dans la réalité, le chef, comme la patrouille de cavalerie, ne peut aller, pour s'orienter, jusque dans les lignes de défense de l'ennemi.

Mais si la nature de la guerre, avec laquelle nous avons à compter, est de telle sorte que tout ne se présente à nous, du côté de l'ennemi, que comme des grandeurs variables, inconnues même, tandis que, de notre côté, nous avons à tenir compte de tous les malentendus, de toutes les erreurs qui peuvent se produire; comment peut-on employer les règles? A la guerre, 2 et 2 ne font pas toujours 4; on ne sait jamais si l'on a à appliquer la règle ou l'exception.

Aussi, sur ce terrain mobile, il ne reste plus qu'à en appeler à sa propre force. *Netteté dans la conception et énergie dans l'exécution de ce que l'on a en vue,* tels sont les deux pilotes les plus capables de nous diriger par dessus les nombreux écueils.

Aussi les qualités militaires ont-elles leurs racines plutôt dans le caractère que dans le savoir.

Les sciences militaires ont certes une haute importance; la tactique pratique, traitée d'une manière scientifique, peut même procurer de grands avantages; *pour la formation pratique à la conduite des troupes, elle ne peut suffire sous cette forme.* La guerre, comme tous les arts, ne s'apprend pas par des moyens rationalistes, mais seulement par des moyens empiriques; pour faire quelque chose de convenable, on a besoin, avant tout, sur ce terrain, de la routine.

Mais comment acquérir cette routine, et que doit-elle avoir spécialement en vue?

D'après la nature de la guerre, telle que nous

l'avons caractérisée, il y a à développer chez un conducteur de troupes :

la faculté de prendre des décisions claires et judicieuses;

la faculté de communiquer ces décisions aux autres clairement et nettement;

la faculté de pouvoir diriger les troupes à l'accomplissement de ses desseins;

et toutes les qualités de caractère qui sont nécessaires pour prendre d'énergiques décisions, et les exécuter.

Si l'on doit laisser la *formation du caractère* aux individus et à la vie pratique, *le développement de l'intelligence militaire* peut très bien aussi s'obtenir par des moyens théoriques. Il peut y avoir pour cela différentes voies; la méthode suivante me paraît cependant la plus convenable, d'après une épreuve de plusieurs années :

Par un exercice continuel à des cas concrets, se représenter les situations diverses, apprendre dans ces exemples la nature de la guerre, et développer les qualités, mentionnées plus haut, par une abondance de décisions et de dispositions positives que l'élève a à prendre.

La méthode, nommée *appliquée*, conduira le mieux à ce résultat. Elle est déjà suivie depuis quelque temps dans nos établissements d'instruction militaire. Elle ne convient pas dans la même proportion dans toutes les parties de l'enseignement. Elle ne peut généralement pas être employée à fond dans un établissement d'instruction, parce qu'elle exige à un haut degré l'étude particulière, et qu'elle demande trop de temps. Mais, pour l'étude de la tactique et de l'histoire de la guerre, elle semble la méthode la plus profitable et la plus prompte à donner de bons résultats.

Pour étudier soi-même, cette méthode est également des plus praticables. Ou bien on se procure à soi-même une situation, ou on rattache une situation donnée à une autre situation, on s'exerce à faire des projets d'ordres ou d'instructions, on se représente les dispositions spéciales pour la marche, la longueur de la colonne, le temps employé à son déploiement ; tantôt on suppose l'arrivée d'avis ou d'ordres, ou l'apparition de détachements ennemis, et l'on prend les mesures nécessaires dans ces circonstances.

Des situations de ce genre vous amènent au combat, aussi bien qu'à voir quelles mesures il y a à prendre dans et après le combat. *Mais ces études, qui sont des travaux d'exercices, ne doivent jamais être considérées comme achevées*. La guerre présente sans cesse de nouvelles images, et des situations, quelque semblables qu'elles paraissent, ne se ressemblent presque jamais entièrement. Les problèmes que peut se poser un chef de troupe, ou qui peuvent lui être posés, sont infinis. Les moyens dont il dispose, d'après la force, la composition et la qualité, les projets que poursuit l'adversaire, le terrain dans toutes ses nuances et encore un grand nombre d'autres éléments, forment un merveilleux caléidoscope, que le hasard façonne aux figures les plus rares.

La méthode, proposée ici, n'a nullement la prétention de se présenter comme quelque chose de nouveau. On en trouve déjà des aperçus dans *la petite guerre* de Valentini ; seulement il est désirable de lui donner un plus grand développement. Avec le temps, on serait amené à voir à quel point elle convient, non seulement à la stratégie et à la tactique en grand, mais pour l'instruction militaire en général, et jusque dans les détails.

Provisoirement, il paraît nécessaire de diriger principalement l'attention sur la formation des officiers à la conduite des troupes dans les conditions de la grande guerre.

Notre instruction de paix, jusque et y compris nos exercices d'automne, repose essentiellement sur des exercices de détachements, et on ne consacre que peu d'études aux exercices de combat du corps de bataille proprement dit, de la division. Nos plus grands exercices (la manœuvre d'un corps contre un autre), appartiennent encore à certains égards à la guerre de détachements, puisqu'ils sont basés sur une idée générale, qui a cours pendant plusieurs jours, et que ces corps ne peuvent être supposés que dans une très mince liaison avec une armée. Mais, dans la grande guerre, il est rare qu'un corps d'armée ait à agir de cette façon. La direction d'un corps et de ses divisions se règle cependant tout autrement, si ce corps est isolé pendant plusieurs jours, ou bien, si dans le cours d'une journée, d'autres corps de l'armée entrent en ligne, pour concourir au résultat.

L'influence des situations sur la conduite d'un chef est toute différente, si ce chef est indépendant, ou s'il est dans une dépendance immédiate. L'officier, qui, en patrouille avec son peloton, rencontre l'ennemi, dirigera le combat tout autrement que s'il couvre sa compagnie avec son peloton en tirailleurs. Une division, liée à son corps d'armée, se trouvera la plupart du temps dans la situation de devoir poursuivre un combat, s'il le faut, jusqu'à sa destruction, tout en contribuant puissamment au but général. Au contraire, une diversion séparée, fort loin de l'armée, manquera complétement son but, en règle générale, si elle se laisse anéantir dans le combat.

La division Fransecky, le jour de Kœniggrätz, ne put rendre à l'armée, de service plus grand, que d'attirer sur elle autant de forces de l'ennemi que possible, sans s'inquiéter si elle allait à sa ruine. Mais une division qui aurait été détachée, comme le furent celles des généraux Stolberg et Knobelsdorf, pour protéger la haute Silésie, n'aurait dû jamais autant engager le combat, ni le poursuivre avec l'acharnement qu'y mit le 3 juillet, le général Francesky, pour l'utilité générale.

Ainsi se montrent des différences essentielles dans la conduite de corps complétements indépendants, et de corps qui ne forment qu'une fraction d'un tout plus considérable. Pour les premiers, les exercices de paix, fournissent un enseignement continuel, tandis que ce ne peut être le cas pour les derniers. C'est pourquoi une instruction théorique au dessus des conditions élémentaires, aura à s'occuper avant tout de la grande guerre, et des relations de dépendance qu'elle procure.

Les études suivantes sur la conduite des troupes ont donc rapport principalement aux situations de la grande guerre; elles sont en partie tirées du traité sur la tactique, 2e recueil, de l'Académie royale de guerre. Elles peuvent aussi servir à l'étude particulière; seulement, dès qu'on trouve dans le texte quelque disposition, ou une remarque faite sur une disposition, il ne faut pas s'épargner la peine, avant de lire plus loin, de prendre une disposition soi-même, ou d'examiner la disposition indiquée. De telles études sont en général peu propres à la lecture, mais elles exigent qu'on les travaille avec le compas, le crayon et le papier.

Les dispositions qu'on trouvera dans le texte, pour les différentes circonstances, n'ont nullement la prétention d'être des modèles. Elles peuvent néanmoins être utiles, si, dans chaque situation, le lecteur se forme une opinion indépendante; alors il trouve occasion de faire un examen comparatif de ces opinions, avec celles du texte, qui peuvent en différer. Mais il ne faut pas oublier que toutes les décisions ont leur origine dans le caractère propre de chaque homme, et qu'on peut arriver par différentes voies à un heureux résultat.

Les études se rattachent, pour ce qui regarde la situation générale à des circonstances connues de l'année 1866; mais, comme des modifications ont été apportées, dès le début, de ces études, dans les conditions qui ont eu réellement lieu, dans la force de la masse des troupes, dans un avis, une disposition, il a fallu aussi donner une autre direction au développement ultérieur; les faits sur lesquels les études reposent, ne sont donc généralement qu'imaginaires. Il ne peut être ainsi en rien question d'une critique des événements de la campagne de 1866[1].

Le grand nombre de plans des champs de bataille de 1866, qui sont répandus dans l'armée, a pu dispenser d'en donner une reproduction détaillée.

[1] Dans les premières études, par exemple : la situation générale seule repose sur des conditions réelles, mais du moment, où le général commandant la 2e division d'infanterie arrive à ses propres dispositions, celles-ci, leur exécution, ainsi que les avis reçus sur l'ennemi, sont de pure invention.

PREMIÈRE ÉTUDE.

LA DIVISION D'INFANTERIE DANS LE CORPS D'ARMÉE.

SITUATION GÉNÉRALE.

La 2e armée prussienne, composée du corps de la garde, des I, V, et VI corps d'armée, et d'une division de cavalerie, était réunie au milieu de juin sur la Neiss. Le 20, le Ier corps fut dirigé de là vers la frontière de Bohême.

Le commandement général, la 1re division d'infanterie, et l'artillerie du corps arrivèrent le 25 juin aux environs de Liébau.

La 2e division d'infanterie et la 1re brigade de cavalerie arrivèrent le même jour aux environs de Schömberg.

Le 26 juin, ces troupes se reposèrent aux lieux indiqués ci-dessus.

La guerre était déjà déclarée depuis quelques jours.

26 JUIN.

SITUATION DE LA 2e DIVISION D'INFANTERIE.

Tant que le corps d'armée resta divisé, le général A, commandant la 2e division d'infanterie, eut aussi sous ses ordres la 1re brigade de cavalerie.

La force de sa division se montait à 12 bataillons, 4 escadrons, 24 pièces de canon, 1 compagnie de pionniers, un détachement de santé.

La brigade de cavalerie comptait 8 escadrons et 6 pièces de canon.

Le 26 au matin, ces diverses troupes se trouvaient dans les bivouacs suivants : (Voir la planche II).

Avant-garde : général-major B :

1er régiment d'infanterie.
1 batterie de 4.
4e escadron de hussards.

massés au Nord de Bertelsdorf.

Gros : au Sud de Schömberg, à 1/4 mille du gros de l'avant-garde, avec :

4e brigade d'infanterie, 2 3/4 escadrons du 1er hussards,	à l'Est de la chaussée.
2e régiment d'infanterie, 3 batteries à pied, compagnie de pionniers, détachement de santé.	à l'Ouest de la chaussée.

A 1/4 mille derrière le gros, au Nord de Schömberg se trouvaient :

1re brigade de cavalerie, près de la route de Friedland;

Trains, près de la route de Liébau.

Le quartier-général de la division se trouvait à Schömberg, où cantonnaient 2 bataillons du

4e régiment d'infanterie, avec 16 hussards. Un officier et 16 chevaux du 1er hussards avaient en outre été commandés pour le maintien de l'ordre près du train.

Le terrain était connu des troupes; déjà avant le commencement de la guerre, la division avait séjourné dans cette contrée, dans les premiers jours de juin. La frontière, du côté de l'ennemi, avait alors été observée par le régiment de dragons Windischgrätz, dont l'état-major était à Trautenau. De la frontière à l'Elbe, il ne devait pas y avoir d'autres troupes ennemies.

RENSEIGNEMENTS DU GÉNÉRAL DE DIVISION SUR L'ENNEMI, SUR NOS PROPRES TROUPES ET LES VUES GÉNÉRALES.

Lorsque la division revint à Schömberg, les habitants du pays rapportaient que, depuis le commencement de juin, aucun changement n'avait eu lieu chez l'ennemi dans l'occupation de la frontière.

Du côté de nos troupes, on connaissait la position des autres parties du corps autour de Liébau; quant au reste, on savait seulement que la division de cavalerie de la 2e armée avait suivi la marche du corps d'armée et bivouaquait derrière la 1re division d'infanterie; le général de division lui-même ignorait si les autres corps avaient également quitté la ligne de la Neiss, ou s'ils s'y trouvaient encore; il circulait à ce sujet les bruits les plus différents, les plus contradictoires.

Aussi ce général, jusqu'au 25 juin au soir, n'avait encore reçu aucun renseignement sur la tâche imposée au corps d'armée ; le dernier ordre, qui lui était parvenu, portait :

« Bivouaquer à Schömberg et pousser une avant-garde en avant vers Trautenau. »

Le 26 juin, vers 1 heure du matin, arriva cependant à Schömberg l'écrit suivant du commandement général :

2e armée	Grand quartier-général à Liébau.
1er corps d'armée	25 juin 1866 — 11 h. 3/4 du soir.
Command. gén.	

Le corps de la garde passe demain, 26 juin, la frontière à l'Est de Braunau ; il peut se faire qu'il ait un combat à cet endroit. Le corps d'armée, doit, dans ce cas, faire une diversion pour le soutenir.

La 2e division d'infanterie aura donc à se procurer, par des patrouilles de cavalerie, sur les routes de Braunau par Weckelsdorf et Friedland, des renseignements sur ce qui se passe dans cette direction.

Le général en chef, N. N.

Le commandement général connaissait les opérations projetées de l'armée. Cependant, pour garder le secret, il ne commence à en communiquer quelque chose, que lorsque les mouvements généraux d'un autre corps approchent de la sphère de ses propres divisions. Cet ordre apportait ainsi au général de division la première nouvelle, que le corps de la garde avait aussi quitté la ligne de la Neiss, et se trouvait en mouvement dans son flanc gauche.

L'instruction suivante fut aussitôt portée de vive voix par un aide de camp de division au 4e régiment, dont l'état-major était dans la ville.

« Deux des compagnies du régiment, canton-
« nées dans la ville, se tiendront prêtes, à 5 heures
« du matin, à la porte de Friedland, pour faire,
« sous les ordres du chef de bataillon, une re-
« connaissance vers Braunau. Ce commandant se
« présentera à 4 h. 3/4 chez le général de divi-
« sion, pour recevoir des instructions plus détail-
« lées. Le régiment en informera la brigade. »

De plus, l'ordre suivant écrit fut porté par une ordonnance au régiment de hussards.

1er corps d'armée
2e div. d'inf.
Sect. 1. J. N.

Quartier-général à Schömberg
26 juin 66 — 1 h. 1/4 matin.

Le régiment fournira 2 pelotons à la reconnaissance que le 4e régiment d'infanterie doit faire sur Braunau. Les pelotons se présenteront au commandant de l'infanterie, à cinq heures du matin, à Schömberg, à la sortie de la porte de Friedland.

J. A.
X.
Major, officier d'état-major.

Le temps du départ fut seulement fixé à cinq heures, parce qu'on ne jugea pas à propos d'envoyer un petit détachement dans l'obscurité, à une grande distance, et par conséquent isolé, dans un terrain inconnu, où l'on supposait l'ennemi.

A quatre heures 3/4 du matin, le major N du 4e régiment se présenta chez le lieutenant-général A, comme commandé pour faire la reconnaissance sur Braunau. Il reçut l'instruction verbale suivante :

> « Le corps de la garde, venant de l'Est, marche aujourd'hui vers Braunau; il est possible qu'il rencontre l'ennemi dans cette marche. Avancez avec votre détachement, auquel se joindront, au rendez-vous, 2 pelotons de hussards, jusqu'à Merkelsdorf, et poussez les hussards vers Braunau, pour se procurer des renseignements sur les mouvements du corps de la garde. Si le corps de la garde arrive à Braunau, sans avoir rencontré l'ennemi, rejoignez la division. Si, au contraire, le corps de la garde n'atteint pas Braunau, restez à Merkelsdorf, pour assurer le flanc gauche de la division. En toutes circonstances, j'attends des avis fréquents, surtout si un grand combat devait s'engager à la garde, vu que j'ai l'intention alors, de me mettre en marche aussitôt avec la division, pour y prendre part. »

Le major N se mit ensuite en marche avec son détachement.

Le général de division donna alors l'ordre écrit suivant aux commandants des différents bivouacs :

1er corps d'armée	Quartier-général-Schömberg
2e div. d'inf.	26 juin 66 — 5 h. du matin.
Sect. 1. J. N.	

Les troupes se hâteront de faire le café et se tiendront prêtes à marcher bientôt.

A.
Général de division.

Pour le cas, où un grand combat serait annoncé à Braunau, le général de division dut songer à des mesures ultérieures. Il résolut, dans ce cas, non seulement d'attendre les ordres du général en chef, mais d'agir dans le sens des intentions, que ce dernier lui avait communiquées, savoir : de faire avant tout lui-même la diversion avec ses troupes. La route de Trautenau ne pouvait cependant pas être ainsi abandonnée ; cela forçait, par conséquent l'avant-garde à s'arrêter sur cette route. Comme le gros de la division, pour atteindre Friedland, devait défiler par Schömberg, le 2e régiment d'infanterie pouvait alors, sans perte de temps, fournir la nouvelle avant-garde sur la route de Friedland, avec une batterie et le régiment de hussards, et la 4e brigade d'infanterie réunie suivre comme gros, avec le reste de l'artillerie.

Il ne parut pas nécessaire de faire, pour ce cas, le projet d'un ordre de marche particulier. Les troupes dont il s'agit, bivouaquaient sur un espace étroit. Il n'était donc besoin que de leur donner l'alarme et d'ordonner ainsi sur les lieux leur mise en marche, de manière à les faire emboîter dans la colonne de marche, dans l'ordre que l'on avait en vue. Seulement il ne fallait pas manquer de donner les renseignements nécessaires à l'avant-garde qui se trouvait sur la route de Braunau, comme à celle que l'on formerait sur la route de Friedland.

On pouvait seulement se demander si l'on ne devait pas déjà faire faire le café de bonne heure, car, s'il y avait combat du côté de Braunau, par suite du grand éloignement, on pouvait douter que la troupe parvînt à faire le café à un moment quelconque de la journée. Toutefois, on abuse beaucoup en théorie, de la cuisson du matin : tous les estomacs ne sont pas disposés à prendre sitôt le repas du matin. La cuisson même exige du temps, et il faudrait l'interrompre néanmoins, si l'on recevait de bonne heure, de la reconnaissance, l'avis d'un combat à Braunau. Il ne faut donc recommander de faire cuire le café de bonne heure, que si on est sûr de ne pas être troublé pendant cette opération, et lorsqu'on s'attend à de rudes fatigues.

Il est encore à remarquer, que, pour s'éclairer

sur les événements du côté de Braunau, les 2 pelotons de hussards auraient suffi, même sans infanterie; car le caractère montagneux du terrain, dans cette partie de la contrée, n'est pas tel que la cavalerie ne puisse se mouvoir en dehors des chemins. Une petite reconnaissance d'éclaireurs de ce genre, avait déjà eu lieu le jour précédent, et l'ennemi n'en avait rien découvert. Mais comme l'ordre du commandement général appelait tout particulièrement l'attention sur cette contrée, la division devait pourvoir à sa sûreté dans cette direction, avec plus de soin qu'elle ne pouvait le faire avec de la cavalerie seulement; ce motif avait fait préférer l'envoi de 2 compagnies. Si le corps de la garde arrivait dans les environs de Braunau, le flanc gauche était suffisamment assuré par sa présence, et le détachement pouvait, par conséquent, rejoindre la division.

Dans la journée, vers 11 heures 3/4, arrivèrent les nouvelles suivantes du détachement de la reconnaissance:

Avis du détachement de reconnaissance du major N.

Merkelsdorf, 26 juin, 10 h. 3/4 du matin.

J'ai occupé Merkelsdorf avec une compagnie, et poussé la 2e comp. en avant, comme soutien des 2 pelotons de hussards, envoyés vers Braunau.

A Friedland, on ne sait rien de la garde, ni de l'ennemi.

N., major.

A 2 heures 1/4 :

Avis du détachement de reconnaissance du major N.

Merkelsdorf, 26 juin, 1 h. 3/4 soir.

Jusqu'à Dittersbach, on n'a trouvé aucune troupe à nous ou à l'ennemi.

N., major.

A 3 heures :

Avis du détachement de reconnaissance du major N.

Merkelsdorf, 26 juin, 2 h. 1/2.

Du poste d'officier placé sur la hauteur au Sud de Merkelsdorf, on voit environ 2 bataillons en marche sur la route de Deutsch-Wernersdorf à Weckelsdorf ; ami ou ennemi, on ne peut le reconnaître.

N., major.

Aussitôt après, arrivait de l'avant-garde, qui se trouvait sur la route de Trautenau l'avis suivant :

Avis des avant-postes de Bertelsdorf.

26 juin, 3 h. soir.

Une patrouille, placée sur la hauteur entre Bertelsdorf et Adersbach prévient qu'à 2 heures un détachement d'infanterie et de cavalerie est venu d'Adersbach sur elle, et s'est retiré, après avoir tiré quelques coups de fusil.

P., major.

Br. m : communiquée à la division.

Présenté : 2 h. 28' soir. Biv. E. de Bertelsdorf.
Parti : 2 h. 32'. B., général de brigade.

D'après ces deux dernières nouvelles, il pouvait se faire que ces 2 détachements appartinssent l'un à l'autre ; mais il n'était pas encore bien établi, malgré les coups de feu mentionnés, si l'on avait vu amis ou ennemis dans cette contrée.

Les avis arrivés à 3 heures 1/2 des pelotons de hussards, poussés sur Braunau, éclairèrent cependant la situation. Ces avis portaient :

Avis du détachement de reconnaissance du major B.

Merkelsdorf, 26 juin, 3 h. 1/4 soir.

D'après avis des hussards, qui viennent de revenir de la direction de Braunau, le corps de la garde y est entré sans combat; la 2e division de la garde bivouaque au Sud de la ville; la 1re division, autour de Weckelsdorf.

En conséquence, je me mets en marche pour revenir avec mon détachement.

N., major.

A 4 heures, le major N. annonçait en personne l'arrivée de son détachement à Schömberg.

Des nouvelles ultérieures arrivèrent encore de l'avant-garde dans le cours de l'après-midi, vers 4 heures 1/2 :

2e avis des avant-postes de Bertelsdorf.

26 juin, 3 h. 1/2 soir.

Un peloton d'infanterie et un peloton de hussards ont été envoyés dans la direction de Petersdorf, pour reconnaître le chemin d'Albendorf, au delà de la frontière de Bohême. Le peloton d'infanterie resta en soutien à Albendorf. Le lieutenant N. a reconnu avec le peloton de hussards jusqu'au moulin de Petersdorf et a trouvé praticable l'endroit situé derrière la maison de péage, que l'on supposait impraticable. Environ six cavaliers des dragons autrichiens Windischgrätz, firent feu sur lui, près de la route, à hauteur du moulin et au nord de la hauteur boisée; il répondit au feu par le feu de la tête de son peloton, et se retira ensuite sans combat, conformément à mes ordres.

N., major.

Brm. : à la division.

Pr. : 4 h. 2' soir. Bivouac E. de Bertelsdorf.

Pa. : 4 h. 10'. B., général de brigade.

Vers 5 heures :

3e *avis des avant-postes de Bertelsdorf.*

26 juin, 4 h. soir.

D'après la déposition des douaniers prussiens à la frontière, il y a depuis peu de l'infanterie à Trautenau ; la cavalerie y est renforcée. Devant Trautenau doit se trouver un mauvais passage, facile à fermer.

La communication avec la 1re division d'infanterie sur Liebau est établie.

N.
Major.

Brm. : communiqué à la division.
Bivouac E. de Bertelsdorf.

Pr. : 4 h. 30' soir. B.
Pa. : 4 h. 35'. Général de Brigade.

A 5 heures, on savait donc avec précision au quartier-général de la division :

Que le corps de la garde se trouvait sur le flanc gauche, avec sa division la plus proche à environ 1 1/2 mille de distance, et que de ce côté-ci de Trautenau, on avait devant soi des fractions du régiment de dragons Windischgrätz.

Par contre, il restait encore douteux si Trautenau était aussi occupé par de l'infanterie, et, comme c'était le cas, s'il n'y avait là qu'un poste avancé, ou si de plus grandes masses ennemies campaient en arrière.

Peu après 5 heures, arriva la prescription du commandement général pour le jour suivant. La teneur essentielle était la suivante :

« La 1re division d'infanterie et l'artillerie « du corps marcheront avec le gros, de « Liebau par Golden-Œls, avec un détache- « ment de flanc par Schatzlar, la 2e division « d'infanterie avec la brigade de cavalerie, « de Schömberg, le 27 juin, à 4 heures du « matin, *sur Parschnitz*.

« Le corps d'armée s'y réunira et se repo- « sera 2 heures. Seulement la 1re brigade « d'infanterie (1re division), destinée à « l'avant-garde, s'avancera immédiatement « jusqu'à Trautenau, et occupera la ville. « On continuera alors la marche en une « seule colonne, dans la direction d'Arnau; « la 2e division d'infanterie formera avec la « 2e brigade d'infanterie et l'artillerie du « corps, le gros du corps d'armée.

Le dernier paragraphe portait :

« Il importe avant tout, que le corps « d'armée soit, aussitôt que possible, con- « centré à Trautenau, sur la rive gauche « de l'Aupa, couvert sur ses deux flancs, « contre la surprise de forces ennemies.

« Le général en chef se trouve à la « 1re division d'infanterie. »

A cela se borna l'information du général de division. Il n'a aucun pressentiment des opérations de l'armée; il peut tout aussi peu entrevoir les forces et les projets de l'ennemi qu'il a devant lui ; il est seulement certain qu'il l'a devant lui, à peu de distance. Telle est la situation dans laquelle se trouve le plus souvent, à la guerre, un chef aussi élevé qu'un général de division. Un apercu plus complet des choses ne lui est donné en partage que par exception, quoiqu'il paraisse désirable de l'informer davantage des mouvements des autres parties de l'armée, que cela n'a lieu généralement. Par contre, il sait avec précision ce qui est exigé de lui le jour suivant : avant tout, il faut opérer la jonction à Parschnitz avec l'autre division du corps d'armée; toute résistance, qui se présentera dans sa marche, devra donc être surmontée avec toutes ses forces. Il sait que les troupes placées à droite concourent au même but; mais il lui manque encore les renseignements tout aussi nécessaires sur les projets et la direction de marche du corps de la garde, qui se trouve à sa gauche. Ces renseignements sont absolument nécessaires, afin de pouvoir prendre des mesures convenables, pour toutes les éventualités qui peuvent survenir dans le flanc gauche. Les chefs en sous-ordre doivent aussi en être informés, afin que l'apparition inattendue de colonnes de marche dans le flanc n'occasionne pas des arrêts ou des mesures inutiles. On peut surtout être certain, si pareille chose arrive, que les trains tombent généralement en désordre. Il faut donc instamment recommander, que des troupes, qui n'appartiennent pas au même corps, à la même division, etc., et qui sont, l'une près de l'autre, restent toujours en communication constante, sur tout ce qui est important.

La suite montrera comment l'on reçut seulement, le 27 au matin, des renseignements précis sur la colonne voisine du corps de la garde.

DISPOSITIONS DU GÉNÉRAL DE DIVISION POUR LE 26 JUIN.

Après l'arrivée de la prescription du général en chef, le général de division eut à donner l'ordre aux troupes pour le jour suivant :

Les points de vue à envisager étaient les suivants :

> Marche en une colonne jusqu'à Parschnitz, le caractère montagneux du pays ne permettant pas le partage en plusieurs colonnes ;
>
> Anéantissement de toute résistance jusqu'à Parschnitz ;
>
> Disposition des troupes dans la colonne de marche dans l'ordre dans lequel on a l'intention de s'en servir pour atteindre ce but

Renseignements à donner aux troupes sur les troupes voisines;

Dispositions pour conserver les communications avec elles;

Départ différé des trains pour ne pas être arrêté par eux dans le cas d'une retraite éventuelle dans le défilé de la montagne.

L'ordre de marche fut expédié sur ces bases, pour le jour suivant, à 6 heures du soir :

1° A l'avant-garde;
2° Au 2e régiment d'infanterie;
3° A la 4e brigade;
4° Au régiment de hussards;
5° A l'artillerie;
6° A la compagnie de pionniers;
7° Au détachement de santé;
8° A la cavalerie de réserve;
9° Aux trains, etc.

1er corps d'armée 2e div. d'inf. Sect. 1. N.	Quartier-général de Schömberg 26 juin, 6 heures du soir.
RÉPARTITION DES TROUPES POUR LE 27 JUIN.	**ORDRE DE LA DIVISION[1] POUR LE 27 JUIN.**
AVANT-GARDE : G.-Maj. B. 1er rég. d'infanterie. 1 batterie de 4. Régim. hussards, moins 1 peloton détaché.	De la cavalerie ennemie observe la frontière de ce côté de Trautenau. Le *corps d'armée* passera la frontière

[1] L'ordre est écrit sur une feuille séparée en deux, sur la moitié de gauche se trouve l'ordre des troupes.

Compagnie de pionniers.
1 section du détachement de santé.

Gros :

2e rég. d'infanterie.
Artillerie (3 batteries).
4e brigade d'infanterie.
1 section du détachement de santé.
Ambulance no 2.
Brigade de cavalerie.

demain 27 juin, et se réunira à Parschnitz ; *le corps de la garde* se trouve à Braunau et Weckelsdorf.

La 1re *division d'infanterie* partira de Liebau à 4 heures et marchera par Golden-Œls.

La 2e *division d'infanterie* partira avec l'*avant-garde* également à 4 heures et s'avancera sur la route de Trautenau. Elle gardera ses communications avec la 1re division et attaquera l'ennemi, partout où il se montrera.

Le *gros* suivra à 4 h. 10' dans l'ordre ci-contre.

La *brigade de cavalerie* suivra à 5 h. 1/4.

Les trains resteront jusqu'à nouvel ordre au nord de Schömberg.

Le *général de division* se tiendra à l'avant-garde.

A.
Général de division.

REMARQUES SUR L'ORDRE DE LA DIVISION.

1° *Ordre de marche.*

D'abord, il y a lieu de s'étonner d'un ordre de marche, qui s'éloigne essentiellement de ceux qui ont été prescrits jusqu'ici par les ouvrages sur le service d'état-major, pour des cas de ce genre[1].

Comme différence essentielle, on voit qu'une aussi forte colonne, pour le but de la marche présente, n'est pas partagée en avant-garde, gros et réserve, mais seulement en avant-garde et gros. Il est évident que, si on marche contre l'ennemi, les diverses fractions ne peuvent se mouvoir en avant, si elles sont immédiatement serrées l'une sur l'autre; car un accident en tête mettrait le tout en désordre. Il faut donc avoir une avant-garde séparée, qui, formée d'assez grandes fractions de toutes armes, ait assez de fermeté et d'indépendance, pour donner par son combat, si

[1] Remarquons ici qu'on est allé beaucoup trop loin dans les divisions rigoureusement scientifiques des connaissances militaires nécessaires à un chef de troupes. Ainsi on a introduit par tradition dans le service d'état-major un grand nombre de choses, qui sont plutôt du domaine général, que du domaine spécial de l'état-major. L'art de commander (donner des ordres) ne commence pas seulement aux corps de troupes (division, corps d'armée), où l'état-major entre en rapport; il s'applique aussi à tout conducteur de troupes, même au plus petit. Il est si difficile en lui-même, qu'on ne peut se donner trop de peine pour l'apprendre, et en faire une pratique constante. Son étude devrait donc commencer dans le moment, où commence, en général, la 1re instruction de l'aspirant officier, dans la conduite des troupes.

l'on rencontre l'ennemi, le temps nécessaire au déploiement du reste de la colonne. Afin de n'être pas obligé de déployer le tout, à la moindre apparition de l'ennemi, et afin que ce déploiement, s'il devient nécessaire, puisse se faire, sans être troublé, on fait suivre la masse des troupes derrière cette avant-garde, à une certaine distance. Il faut donc un certain espace entre l'avant-garde et le reste des troupes, mais on peut se demander si une nouvelle séparation, comme cela avait toujours lieu pour une division, en gros et réserve, est également une nécessité pour le reste de la colonne.

Que, dans le combat, un chef ne puisse se passer d'une réserve, jusqu'au moment où il doit aussi l'engager, cela tient à la nature du combat. Tout ce qui prend part directement au combat, n'est que dans le cas le plus favorable et cela encore d'une manière fort restreinte dans la main du commandant en chef; la plupart du temps il ne l'est pas du tout, et la conduite d'un combat n'a d'influence efficace qu'autant que ce chef garde des colonnes toutes prêtes à sa disposition, ou qu'il sait en former ultérieurement dans ce but d'après les différentes phases du combat. On ne doit donc pas en général engager un combat *sans une réserve de combat*. Mais on ne comprend pas bien à quoi peut être nécessaire une réserve séparée pour la marche. On n'a pas besoin d'une *réserve de marche*, mais seulement d'une *réserve de combat*, si le combat s'engage.

La nomenclature militaire est allée beaucoup trop loin à ce sujet. Il suffit de se représenter ce qu'embrasse en général l'idée d'une réserve. *Toutes les troupes, tant qu'elles ne sont pas engagées dans le combat, sont des réserves de la direction supérieure.*

Jusqu'ici on s'est arrêté à la proposition générale, qui ne varie que quand on l'exprime en 0/0 : 1/4 de la masse des troupes à l'avant-garde, 1/2 au gros, 1/4 à la réserve. Quand un combat s'engage, on ne peut savoir si l'avant-garde suffira seule pour l'achever, ou s'il ne faudra pas engager son dernier homme. L'avant-garde commence-t-elle le combat? tout le reste des troupes forme sa réserve, et on en tirera tout ce qui sera nécessaire. Pourquoi donc encore faire une autre division?

Ou bien, est-il nécessaire dans ces masses de troupes d'avoir un intervalle avec grande distance? Il n'est certes pas avantageux pour le combat, qu'une partie du tout arrive une demi-heure plus tard qu'il ne pouvait venir. C'est ce qui peut arriver quand, par exemple, dans la marche d'un corps d'armée il y a une réserve séparée, et qu'elle suit à 1/4 mille derrière la queue du gros.

Il faut bien des distances pour la marche, afin que les à-coups ne se communiquent pas à toute la colonne ; elles ne doivent cependant pas atteindre 1,000 ou 1,500 pas; il suffit de fixer entre les diverses colonnes, en général, des distances moindres comme normales. On doit bien aussi se figurer que ces *distances sont exposées à se perdre*, et que, si cela arrive, on ne peut les rétablir comme il faut qu'avec le temps.

La séparation d'une réserve de marche paraît donc complètement inutile. Toute inutilité est aussi un danger, et un danger de cette nature est incontestablement inhérent à la division observée autrefois.

On arrive ainsi au deuxième point qui forme la différence essentielle entre l'ordre de la division et les ordres de marche en usage jusque et après 1866. Dans le projet actuel, l'avant-garde est formée d'un régiment de la 1re brigade d'infanterie, et le 2e régiment de cette brigade se trouve à la tête du gros, tandis que, d'après les anciens principes, il aurait appartenu, comme réserve, à la queue de la colonne.

Quelles sont les conséquences de la dernière méthode? Examinons-les de plus près :

Un combat s'engage à l'avant-garde, et il paraît nécessaire de la renforcer. L'unité organique la plus voisine, dont dispose le général de division, est la brigade du gros, et ce n'est que fort rarement qu'une mission séparée peut lui être confiée, car il est destiné avant tout à soutenir l'avant-garde. Ou bien le divisionnaire envoie toute la brigade en avant, ou seulement des fractions de la brigade, un régiment ou des bataillons isolés.

Dans le premier cas, il a ainsi, avec l'avant-garde, six bataillons hors de la main; dans le dernier cas, il divise aussi la 2e brigade, et dans la ligne de combat le général de brigade, qui commande l'avant-garde, reçoit sous son commandement des troupes qui lui sont entièrement inconnues.

Notre plus grand défaut, c'est cette qualité, relativement si louable de nos chefs, de vouloir d'eux-mêmes mener à fin un combat. Si on se laisse aller dans cette voie, on organise le désordre et généralement il devient impossible de diriger le combat de plus haut. On doit par conséquent faire tous ses efforts, pour maintenir aussi longtemps que possible, les formations fondamentales des troupes prises pendant la paix, c'est à dire *leur ordre de bataille.*

L'ordre de marche pratiqué généralement ne peut que détourner incontestablement de ce but essentiel.

De plus, par suite des pertes relativement importantes qui doivent se produire dans un court espace de temps avec les armes actuelles, on doit attacher un prix d'autant plus grand à de fortes réserves. Par la division en avant-garde, gros et réserve, et par la nécessité du principe à engager dans le combat ces fractions dans leurs unités organiques autant que possible, on est ainsi amené à engager trop tôt le gros total, et à ne plus avoir à sa disposition qu'environ le quart des forces qui forme la réserve.

En outre, l'expérience montre qu'une réserve,

ainsi formée, échappe très facilement au général de division, et qu'alors, ordinairement, il ne dispose plus d'aucune réserve. Le divisionnaire reste à la masse de ses troupes, son attention est dirigée en avant, où combat l'avant-garde, s'il ne se trouve même près d'elle. Le régiment de réserve se trouve séparé de lui, soustrait à son regard, comme à celui de l'ennemi; ce régiment, encore plus qu'aucune autre troupe, brûle du désir de prendre part au combat, où sont engagés le général et les camarades de la brigade. Il suffira de la plus petite impulsion extérieure pour le pousser en avant à la moindre occasion.

Il en est de même avec le général de brigade qui commande l'avant-garde et n'a qu'un de ses régiments à sa disposition. Si le combat à l'avant-garde devient violent et difficile, il ne pense assurément qu'à ceci : « Si j'avais pourtant ici l'autre régiment de ma brigade ! » Et de la pensée à la tentation de le faire venir, n'importe comment, il n'y a qu'un faible espace de temps.

Ainsi se rencontrent les pensées de la partie de la brigade qui combat en tête et de la partie qui forme la réserve; ainsi se rejoignent souvent ces deux parties contre la volonté du général en chef.

Qu'on ne dise pas : cela ne se présentera pas. Ce sont de ces choses qui sont fondées sur la nature humaine et avec lesquelles il faut compter. Car, dans le combat, la nature humaine finit souvent par l'emporter sur les dispositions prises par les individus pour l'effet général.

En outre, l'expérience des faits est là.

Dans la rencontre de Gitsehin, le lieutenant-général Tümpling disposa les deux bataillons de grenadiers du 12e régiment dans la réserve de sa division. L'autre régiment de la brigade, sous le commandement du général de brigade, se battait sur les hauteurs escarpées et boisées de Priwitzin. Tout à coup on voit les deux bataillons de réserve du 12e régiment arriver, en colonne, au combat, près de là, à Ginolitz. Sans rechercher comment cela arriva, cela arriva, en tous cas, contre la volonté et les intentions du général de division, et il fallut toute l'énergie du général de division et la rare discipline de combat de ce régiment, pour le dégager de nouveau de la lutte.

Le même fait se présenta à la division Francesky, dans le combat du bois de Swiep, à Kœniggrätz, précisément à ces divisions qui eurent à soutenir des combats extraordinairement difficiles.

Il paraît donc convenable, spécialement pour le moment du combat, de ne pas introduire de ces divisions ingénieuses dans l'intérieur des brigades. On arrive à ce résultat, si l'on admet comme règle de placer toujours en tête du gros, le régiment qui forme brigade avec le régiment d'avant-garde. Une telle formation est, par analogie, applicable à des réunions de masses plus grandes ou plus petites.

On a ainsi l'avantage de soutenir en premier lieu l'avant-garde avec la fraction qui lui tient de plus près dans l'organisation, et de permettre au brigadier de diriger un combat, sans avoir sa brigade divisée. En outre, le général de division dispose d'une colonne, tout aussi forte, comme réserve.

De plus, une telle disposition permet encore de former subitement une avant-garde, s'il y a lieu, aussitôt qu'on a, par exemple, à prendre une nouvelle direction, sans avoir besoin de diviser la deuxième brigade[1].

Quant à ce qui concerne *l'adjonction de la cavalerie*, le régiment de hussards a été presque en entier destiné à l'avant-garde, quoique l'on ne se meuve, dès le début, que sur un chemin de montagne, qui ne permet pas l'emploi efficace du régiment entier. Mais la vallée s'ouvre à Parschnitz; les patrouilles de l'avant-garde ont eu, presque jusqu'à ce village, la contrée constamment sous les yeux, et une forte résistance de ce côté du débouché est invraisemblable.

Mais, dès qu'on aura atteint la plaine de Parschnitz, il faudra établir la communication avec la 1re division d'infanterie, reconnaître Trautenau, éclairer la vallée de l'Aupa, dans sa direction sud, et cela avec précaution, en face du régiment de dragons Windischgrätz.

Voudrait-on, seulement alors, faire venir le régiment de hussards, de la queue de la colonne? Cela a sa difficulté, car ce mouvement devrait se faire près et contre la colonne de marche, sur la

[1] On fait allusion à la situation exposée précédemment page 31.

même route; en tous cas, une perte de temps serait inévitable. Même dans le cas où, contre toute attente, l'ennemi viendrait offrir le combat dans la montagne, ce régiment dérangerait à peine les mouvements de l'infanterie, s'il est en grande partie serré à la queue de l'avant-garde. Il en serait autrement si la brigade de cavalerie était adjointe à l'avant-garde, car la longueur de cette colonne de cavalerie retarderait l'arrivée du gros, d'environ une demi-heure. La brigade de cavalerie est donc ici reléguée à la queue de la colonne.

Il manque un peloton au régiment de hussards; la moitié de ce peloton, commandée par l'officier de peloton, est chargée du maintien de l'ordre aux trains et bagages réunis de la division; l'autre moitié est destinée au service d'ordonnances, près du gros. La division ne possède pas d'autre moyen pour le premier service, et, pour le dernier, ceux qu'on a sous la main ne suffisent pas. En outre, dans la marche du gros, il deviendra quelquefois nécessaire de s'informer rapidement de ce qui peut paraître sur les flancs, et il faut toujours avoir pour cela au moins quelques chevaux sous la main. Comme la situation ici est très simple, 16 chevaux devraient suffire; en général, on fera bien d'employer un peloton entier pour ce but, mais bien plus encore dans certaines circonstances, quand, par exemple, la division forme en plaine l'aile extrême d'une armée.

Il faut avoir soin de changer ces pelotons détachés de temps en temps, environ tous les trois jours, sans quoi ils seraient bien vite usés, par suite du faible contrôle de leur service.

Une batterie de 4 est détachée à l'avant-garde; le reste réuni suit le régiment de tête du gros. L'artillerie est l'arme qui peut causer du dommage à l'assaillant à la plus grande distance; sa masse doit donc entrer en action, avant que la masse de l'infanterie ne s'engage dans le combat.

On ne doit donc jamais placer l'artillerie trop loin dans la colonne de marche; sa place est plutôt vers le devant; dans certaines circonstances, on peut même faire suivre l'avant-garde par plusieurs batteries. Toutefois, cela ne se justifierait pas ici, car la vallée resserrée ne permet pas de faire entrer plus de 6 pièces en action, et une plus forte artillerie ne pourrait avoir d'effet qu'après le passage de l'Aupa.

Pour cette dernière éventualité, on ne doit pas non plus ici la laisser trop loin en arrière, et les 3 batteries du gros, pour ne troubler aucune unité organique, ont été placées dans la marche entre le 2e régiment et la 2e brigade d'infanterie. Ainsi, dès que 6 bataillons seront développés, on sera au moins en état de mettre déjà en action toute l'artillerie de la division.

Il y a encore un avantage particulier à réunir les 3 batteries du gros. Fréquemment on les a séparées et placées derrière les différents régiments: cela doit être signalé comme une faute capitale.

Dans la situation de la grande guerre, les batteries séparées ne peuvent manœuvrer de leur chef, comme elles le font et doivent souvent le faire dans les petites manœuvres de détachement. Là où 12,000 hommes d'infanterie tâchent d'atteindre un but, l'artillerie, qui leur est adjointe, ne peut improviser des scènes arbitraires en s'avançant séparément ; mais elle doit contribuer, avec toute sa force, à faire atteindre le but unique. Cela n'est possible que si les batteries, au lieu d'aller çà et là isolément, suivant leur propre inspiration, n'obéissent qu'à une seule volonté. L'emploi en masse des batteries est la règle dans la grande guerre ; l'emploi séparé n'est que l'exception. On doit d'autant plus admettre cela comme principe, que la réalité rend trop souvent l'exception nécessaire.

Remarquons encore que l'avant-garde a reçu une batterie de 4. Il existe plusieurs opinions sur le point de savoir si l'on doit employer à l'avant-garde une batterie de 4 ou une batterie de 6. En tous cas, l'artillerie vient d'abord dans le combat, et c'est elle qui a à le soutenir le plus longtemps. Aussi, tout chef de troupe préférera incontestablement avoir à l'avant-garde la batterie qui porte avec elle le plus de munitions, et c'est la batterie de 4.

Il paraît tout à fait superflu d'attacher une troupe spécialement à la protection des batteries dans la marche ; car l'artillerie est directement liée à d'autres troupes, dont les fractions marchent, par conséquent, devant et derrière elle. Si l'on commande, au contraire, quelque compagnie ou quelque bataillon pour un pareil but, ce qui est complétement inutile dans la marche, on peut être sûr que ces troupes échapperont à l'efficacité dans le combat du corps auquel elles appartiennent, et qu'elles ne fourniront aucune protection aux batteries, puisqu'elles ne sont pas en état de suivre les pièces quand elles se portent rapidement en avant.

Les autres points relatifs à la distribution des troupes dans l'ordre de marche, n'ont pas besoin d'explications détaillées.

Il est évident que la compagnie de pionniers doit appartenir à l'avant-garde; il est clair aussi que la moitié du détachement de santé, séparé en 2 sections, doit suivre l'avant-garde, l'autre moitié suivre le gros, et que si l'on a un combat en perspective, une ambulance doit être attachée à la troupe.

2° *Contenu de l'ordre.*

Le moyen le plus sûr pour le supérieur de donner un ordre, est de le donner directement de vive voix à ceux qu'il concerne; cela permet de donner les explications et éclaircissements sur les malentendus qui pourraient exister.

Les ordres verbaux sont portés aussi par les aides-de-camp, officiers d'ordonnance, etc., mais seulement quand il s'agit d'ordres positifs; par exemple : la brigade doit décamper et se mettre en marche par X. sur Y. S'il y a quelques autres points à toucher, qui se rapportent aux vues générales, à d'autres colonnes, etc., il faut préférer l'ordre écrit d'une manière absolue.

Dans le cas actuel, la division, campée en plusieurs fractions, a une profondeur d'environ 3/4 de mille du gros de l'avant-garde à la queue. Aussi il faut employer l'ordre écrit. On pourrait certainement donner l'alarme à la division, et, au moyen d'officiers d'ordonnance, en mettre en mouvement successivement les diverses fractions. Mais alors aucun des chefs élevés ne saurait à quoi se préparer, et la troupe devrait rester longtemps sous les armes inutilement, avant que les dernières parties ne puissent se mettre en mouvement. On ne doit agir ainsi que quand il n'y a pas d'autre moyen, par exemple : si le 26 juin, au lieu du repos ordonné. une marche subite du gros de la division avait été rendue nécessaire par un combat du corps de la garde à Braunau. Mais alors il fallait le faire d'autant plus tôt, que l'avant-garde jusqu'ici devait rester vers Trautenau et que les ordres ultérieurs ne devaient concerner que les troupes bivouaquées et massées autour de Schömberg.

Dans un ordre de ce genre, il est nécessaire *que les chefs en sous-ordre soient orientés, sur tout ce que leur général commandant sait de l'ennemi, aussi complétement que cela se rapporte au projet actuel*. Tous les fils aboutissent chez le général de division seul ; chacun des commandants sous ses ordres ne peut voir la situation générale des choses que sous un seul aspect. Comme, dans une fraction de troupe aussi importante, le chef le plus élevé peut ne pas toujours être présent près de chaque commandant sous ses ordres, qu'il est impossible qu'il puisse aussi en personne ordonner les détails nécessaires, ce n'est que par de tels renseignements généraux qu'on peut mettre ces derniers en état de prendre des dispositions convenables; alors seulement ils peuvent porter toute leur attention dans la direction où on attend l'ennemi, sans la diviser; ils peuvent alors aussi prendre à temps les ordres de détail convenables, sans fatiguer les troupes trop tôt.

L'ordre doit aussi contenir une communication sur ce que l'on a en vue. Cependant on ne doit pas aller trop loin. Certes, il est très intéressant pour les troupes d'apprendre comment leur général, mieux orienté qu'elles, envisage la situation entière; mais ce chef a à examiner toutes les éventualités; si l'on en donnait une exposition détaillée aux chefs en sous ordre, on les induirait en erreur, attendu qu'ils ne sont presque jamais en état de connaître quelle éventualité arrive réellement. Qu'on se représente, du reste, dans quelles circonstances leur parvient l'ordre la plupart du temps. Ici le grand commandement avait donné au corps d'armée ses instructions pour plusieurs jours, parce qu'il s'agissait de traverser les montagnes, et les corps d'armée, séparés par des journées de marche les uns des autres, n'ayant que peu de chemins à leur disposition, devaient marcher sur une grande largeur. Il était, par conséquent, impossible d'ordonner les mouvements d'un jour à l'autre. Le corps d'armée se trouvait donc dans l'heureuse position de pouvoir, de très bonne heure donner ses ordres pour le jour suivant. Mais c'est une rare exception. En général, le commandant en chef ne peut donner ses ordres qu'après qu'il a reçu les rapports des différents corps sur les événements du jour ; ces ordres sont transmis pendant la nuit aux corps qui ne sont pas immédiatement placés près du quartier-général, et c'est seulement aux premières heures du matin que les reçoivent les dernières fractions, brigades et régiments, ceux-ci au dernier moment. Les commandants de troupe, à moitié endormis, ont à prendre leurs dispositions sur des cartes difficiles à lire, sous une lumière défectueuse ; tout mot d'un tel ordre, qui n'est pas d'une nécessité absolue, est nuisible. Des ordres, qui remplissent des pages entières, exigent beaucoup de temps pour être lus, et plus de temps encore pour être compris en général ; le criterium d'un bon ordre sera toujours la simplicité et la clarté ; si l'on en retranche un seul mot, il doit être en général incompréhensible : sinon, ce mot est de trop, par conséquent inutile et nuisible.

Chaque commandant de troupe doit bien examiner ce qu'il doit communiquer aux troupes, sous ses ordres, des renseignements qui lui arrivent et ce qui n'en est pas nécessaire. Dans le cas présent, par exemple, le général de division devait savoir les projets du général en chef, après qu'on aurait atteint Parschnitz. La division pouvait arriver à Parschnitz plutôt que le général en chef, qui marchait avec l'autre division. Que devait-il donc arriver? Si le corps devait rester à Parschnitz, il était inutile de fatiguer les troupes en les tenant sous les armes des heures entières ; mais il fallait établir les bivouacs et faire avancer les trains. Si l'on devait marcher plus loin avec la division à l'avant-garde, il fallait préférer d'autres formations à celles que l'on prendrait, si la division devait plus tard appartenir au gros du corps d'armée.

Aussi, il avait été dit dans l'instruction du général en chef, que l'on voulait se réunir à Parschnitz, pour de là marcher ensuite en une seule colonne sur Arnau, et, de plus :

« La 2e division doit, dans cette marche en « avant, se réunir au gros du corps et, aupara- « vant, se reposer 2 heures à Parschnitz. »

Ce renseignement était, dans toute son étendue, nécessaire pour le commandant de la division, mais pour lui seulement. Aussitôt qu'on aurait atteint Parschnitz, il était sans inquiétude pour sa personne et avait la liberté de donner l'ordre pour le rendez-vous aux diverses troupes, à mesure qu'elles arriveraient, et, en même temps, de les y former, comme il convenait, pour la marche en avant. Les parties détachées du régiment de hussards et du détachement de santé de la 1re brigade d'infanterie pouvaient déjà éventuellement se réunir, et l'artillerie à pied rappeler à elle sa batterie de 4 détachée.

Dans l'ordre de la division, il suffisait donc de dire que l'on voulait se réunir à Parschnitz, avec le reste du corps d'armée.

La troupe apprenait en même temps par cette communication que tout ce qui se montrera dans sa marche sur son flanc droit, appartient à la 1re division d'infanterie, par conséquent, à une troupe amie. On a déjà indiqué plus haut les renseignements plus complets à donner sur les colonnes voisines.

Il est en même temps nécessaire *de dire ce qui arrivera, si l'on rencontre l'ennemi*. Ici la situation est très simple, puisqu'on ne doit s'attendre à rencontrer l'ennemi que sur la route suivie par l'avant-garde. Il faut ajouter pour l'avant-garde seule qu'elle attaquera sans ordre ultérieur, car le commandant de la division peut dans le moment ne pas être près d'elle, et il pourrait en résulter une perte de temps.

Le groupement des troupes pour la marche peut leur être communiqué de diverses manières, ou bien, comme dans le cas présent, par une addition à l'ordre : « *Répartition des troupes pour le 10 juin* », ou bien dans le texte même de l'ordre.

L'addition : « Répartition des troupes » donne une image qui fait promptement saisir l'ordre dans son ensemble ; mais il faut pour cela que la feuille sur laquelle il est écrit, soit immédiatement déployée sous les yeux de celui auquel il est destiné. Souvent ce n'est pas le cas ; c'est même tout à fait exceptionnel pour de petits corps de troupes. Par conséquent, dans toutes les circonstances où l'ordre est dicté sur le carnet aux aides de camp, on fera bien d'indiquer dans le texte même de l'ordre les changements, qui entrent dans la répartition des troupes ; mais quand on aura le temps de faire expédier ces ordres par le bureau à de grandes distances, on fera mieux de donner la répartition des troupes en exposition graphique sur la feuille divisée en deux.

Si l'ordre dont il s'agit ici, avait été dicté aux aides de camp, pour être envoyé à temps vers Schömberg, il aurait été exprimé de la manière suivante, par exemple :

Ordre de la division pour le 27 juin.

De la cavalerie ennemie observe la frontière de ce côté-ci de Trautenau. Le corps d'armée passera la frontière demain 27 juin et se réunira à Parschnitz. Le corps de la garde se trouve à Braunau.

La 1re division d'infanterie partira de Liebau à 4 heures du matin, en passant par Golden-Œls.

L'avant-garde de la 2e division d'infanterie, à laquelle se réunira le reste du régiment de hussards, la compagnie de pionniers et une section du détachement de santé, se mettra également en marche à 4 heures sur la route de Trautenau.

Le général-major B doit conserver la communication avec la 1re division ; il doit attaquer l'ennemi, dès qu'il se montrera.

Le gros de la division partira à 4 heures 10, le 2e régiment en tête ; après lui, l'artillerie à pied, la 2e brigade d'infanterie, le reste du détachement de santé et l'ambulance no 2.

La brigade de cavalerie suivra à 5 heures 1/4.

Les trains resteront jusqu'à nouvel ordre au Nord de Schömberg.

Le général de division se trouvera à l'avant-garde.

A.
Général de division.

Quartier-général de Schömberg.
26 juin, 6 h. soir.

Dans cet ordre, il n'est désigné *aucun commandant spécial pour le gros* ; une disposition de ce genre paraît superflue. Les diverses parties du gros sont destinées au but de la marche ; si le combat se présente, c'est au général de division à diriger ces diverses parties.

Si toutefois il y a *un commandant spécial* pour quelque fraction, comme ici pour l'avant-garde, il appartient à ce commandant de former sa troupe, dans l'ordre où il veut l'employer.

Il faut donner une attention particulière à la *fixation des heures de départ pour la marche*. Par une excitation inutile, on oublie généralement, qu'une masse, comme une division, même quand elle est séparée en plusieurs parties à intervalles, ne peut cependant se mettre en mouvement d'un seul coup, et qu'on fatigue les troupes en les rassemblant trop tôt. On ne peut pas prévoir la grandeur des fatigues qui peuvent attendre le soldat dans une journée. Aussi faut-il veiller avec d'autant plus de soin à ce que toute fatigue inutile soit évitée.

Dans la situation actuelle, *on s'est basé sur le calcul suivant, pour la désignation des heures de départ.*

La longueur d'une avant-garde, en colonne de marche, est approximativement, d'environ 2,600 pas. Son bivouac est éloigné de celui du gros d'environ 2,500 pas. Si le gros rompait en même temps que l'avant-garde, sa tête trouverait les dernières fractions de celle-ci encore debout au bivouac, et devrait attendre encore environ 1 minute, avant de pouvoir la suivre immédiatement. Mais il est désirable de conserver une distance d'environ 1,000 pas; par conséquent, le gros, quoique campé à 1/4 mille en arrière de l'avant-garde, n'a besoin de se mettre en marche qu'environ 10 minutes plus tard que celle-ci.

La longueur de la colonne du gros de la division est d'environ 5,000 pas, de sorte que la dernière subdivision quitte le lieu du bivouac seulement 50 minutes, après que la tête s'est mise en marche.

L'éloignement de ce bivouac au bivouac de la *brigade de cavalerie* est de 2,500 pas ; il lui suffit donc de rompre environ 25' plus tard que la tête du gros, pour se joindre immédiatement à la queue du gros, en marchant au pas. Mais alors la cavalerie devrait suivre l'infanterie pendant 1 mille 1/2 dans la montagne, et ne pourrait marcher qu'au pas pendant les 3 premières heures ; on fait donc mieux, on préfère lui donner un repos plus long au bivouac, parce qu'elle peut facilement regagner le temps, et qu'un trot sagement conduit est plus avantageux qu'une marche au pas continue.

Relativement au gros, remarquons encore que le moment fixé pour la rupture, 4 heures 10, ne concerne que le 2e régiment d'infanterie, qui doit marcher en tête. Le détachement d'artillerie, qui a aussi couché près de la chaussée, n'a besoin de se mettre en mouvement qu'à 4 heures 20', le 3e régiment d'infanterie à 4 heures 35' et le 4e régiment à 4 heures 45'. *Il appartient à chacun des commandants de ces troupes d'y faire attention, et de mettre leurs troupes sous les armes en conséquence.* Toutefois on ne peut employer un tel mode d'opérer qu'avec des troupes déjà rassemblées ; il est donc applicable ici à des troupes réunies en un bivouac.

Si des troupes doivent quitter leurs cantonnements pour aller se réunir à un lieu de rendez-vous, le commandant d'une brigade, d'un régiment, voudra y avoir rassemblé ses diverses fractions pour le temps fixé.

Quant aux *trains d'une division*, il est à remarquer que les chevaux de main, appartenant à une troupe, doivent la suivre immédiatement. Il faut tenir sévèrement la main, à ce qu'ils ne soient pas transformés en chevaux de bât complets, mais qu'ils soient toujours prêts à être montés en cas de besoin.

Les chevaux de bât, charrettes à bagages, forges, voitures d'état-major de régiment et fourgons d'état-major suivent à la queue de la division.

Les trains de la division comprennent tous les autres fourgons des corps de troupes, charrettes de médicaments, caissons à cartouches, voitures d'équipages d'officiers, voitures des différents services, et les colonnes qui peuvent y être adjointes.

Dans le cas actuel, il ne paraîtrait pas convenable de faire suivre en même temps ces trains immédiatement.

On a un défilé à passer dans la montagne, pendant environ 1 mille 1/2, et l'on ne sait pas encore, si l'on ne rencontrera pas l'ennemi de l'autre côté du défilé. Si un combat malheureux vous force à la retraite, et si les trains suivent immédiatement en colonne, la difficulté de retourner avec les fourgons par les chemins de la montagne amène facilement une catastrophe. Quand on aura gagné suffisamment de terrain de l'autre côté de la montagne, il sera toujours temps de les faire venir. Il n'est pas nécessaire de protéger ces trains dans ce cas. Dans la situation générale, aucun danger ne menace les flancs, et la marche en avant de la division couvre suffisamment le front. Les hommes d'infanterie commandés aux voitures et le détachement destiné au maintien de l'ordre (1 officier et 16 hussards) suffisent ici complétement.

Remarquons en dernier lieu qu'il faut toujours indiquer *où se trouve le général de division*, afin que tous les avis puissent le trouver. Dans le cas présent, il a choisi sa place à l'avant-garde, parce que ses dispositions dépendent de ce qu'elle trouvera devant elle. Sa présence près d'elle n'y est cependant pas absolument nécessaire; car, si l'on rencontre l'ennemi, le commandant de l'avant-garde, pourra parer au plus pressé. En principe, la place d'un commandant de colonne est donc aussi à la masse de ses troupes, c'est à dire, au *gros*.

On ne communique rien dans les ordres écrits sur la retraite éventuelle. — De tels ordres parviennent à trop de mains, et, au moment où tout doit concourir à la victoire, on ne doit pas dire aux troupes, que les chefs ont déjà des pensées de retraite. Si l'on veut donner une direction pour la retraite, on le fera de vive voix ; mais, dans le cas présent, cela n'est pas nécessaire non plus, puisque, si l'on devait être forcé à la retraite avant Parschnitz, personne ne pourrait songer à la faire autrement, que par la seule route existante, sur laquelle on est en marche.

27 JUIN.

RENSEIGNEMENTS SUR LE CORPS DE LA GARDE ET DISPOSITIONS QUI EN SONT LA CONSÉQUENCE.

Le 27, vers une heure du matin, un officier d'ordonnance du corps de la garde, venant de Liebau, apporta au commandant de la 2e division d'infanterie l'écrit suivant :

Corps de la garde Quartier-général Deutsch-Wernersdorf.
1re div. d'inf. 26 juin. 7 h. soir.
Sect. I. J. No

Au général commandant le 1er corps d'armée, à Liebau.

La division a l'ordre de marcher demain matin de Dittersbach et Deutsch-Wernersdorf sur la route de Trautenau, par Adersbach, Qualisch et Petersdorf, vers Parschnitz, et delà doit tourner au Sud dans la vallée de l'Aupa. La division doit commencer sa marche, quand les troupes du 1er corps d'armée auront laissé la route libre ; elle attendra donc ce moment à Qualisch, mais elle se tiendra toutefois en même temps prête à soutenir le 1er corps d'armée, dans le cas d'une résistance à Braunau.

Afin de pouvoir fixer le moment de sa mise en marche, le général de division prie de vouloir bien lui communiquer à quelle heure on prévoit que les troupes auront dépassé Albendorf.

X.

Général de division.

Pr : Liebau, 26, 11 h. 1/4 soir.

Quartier-général Liebau, 26 juin, 11 h. 3/4 soir.

Brm : La 1re division d'infanterie de la garde est informée que la 2e division d'infanterie, qui se tient autour de Schömberg et la 1re brigade de cavalerie, commencent leur marche le 27 juin, à 4 heures du matin, pour la continuer par Albendorf. Cette colonne reposera environ 2 heures à Parschnitz, où elle attendra l'arrivée du reste du corps, qui de Liebau est dirigé sur le même point. Le moment de l'arrivée à Parschnitz dépendra essentiellement de la résistance éventuelle de l'ennemi; en aucun cas, il ne pourrait guère avoir lieu longtemps avant 8 heures.

Le général en chef,

Y.

A la 2e division d'infanterie, à Schömberg en communication, faire suivre :

A la 1re division d'infanterie de la garde, à Deutsch-Wernersdorf.

Le commandant de la 2e division d'infanterie ajouta à l'endroit ad hoc :

Pr. et pris connaissance.

Quartier-général de Schömberg,
27 juin, 12 h. 3/4 matin.

A.

Général command. la 2e division d'inf.

Après quoi, l'officier d'ordonnance poursuivit sa marche vers la 1re division d'infanterie de la garde.

Comme cet officier, pour aller de Liebau à Deutsch-Wernersdorf, devait passer au quartier-général de la 2e division à Schömberg, la communication pouvait arriver au général A de la manière indiquée, mais exceptionnellement. Autrement il faut éviter en principe, en campagne, de donner des avis par des circulaires, comme cela se fait en temps de paix. Il vaut mieux donner chaque ordre en autant d'exemplaires, qu'il y a de lieux de commandements, auxquels il doit arriver, si l'on veut compter, en général, sur son arrivée sûre et prompte.

Renseigné maintenant aussi sur les mouvements projetés des parties de l'armée, qui se trouvent à sa gauche, le général de division eut occasion de donner des instructions convenables à la brigade de cavalerie, afin qu'un départ un peu trop tardivement ordonné, ne l'exposât pas à être séparée de son infanterie, vers Albendorf, par la division de la garde.

Il envoya donc immédiatement par une ordonnance au commandant de la cavalerie la communication écrite suivante :

1er corps d'armée
2e div. d'inf.
Sect. 1. J. No

Quartier-général Schömberg
27 juin, 1 h. du matin.

D'après un avis qui vient d'arriver, la 1re division d'infanterie de la garde, qui se trouve à Deutsch-Wernersdorf, marche aujourd'hui matin, par Adersbach, et aura besoin, pour continuer sa marche, à partir d'Albendorf, du chemin suivi par notre division, qui mène à Parschnitz.

La brigade s'arrangera, en conséquence, de manière à atteindre à temps la queue de notre division, et à ne pas en être coupée par la tête de la division de la garde.

A.

Général commandant la division.

A la 1re brigade de cavalerie.
Au bivouac au Nord de Schömberg.

Il n'était pas nécessaire d'en informer immédiatement les autres parties de la division, puisqu'elles n'avaient pas à prendre d'autres dispositions ultérieures.

Il était toujours temps de donner communication, dans ce qu'elle pouvait avoir de nécessaire pour les chefs des différents corps de troupes, de la marche de la division de la garde, au moment du départ, où le général de division devait les voir lui-même :

Mais, en tous cas, il était clair, que si même la journée se passait tranquillement, le départ des trains pouvait maintenant ne se faire que très tard.

Dans ces circonstances, il parut bon de faire venir au moins un caisson de munitions par régiment d'infanterie pour la marche, et les ordres en conséquence furent donnés au train. Le motif de cette disposition est dans la situation particulière où l'on se trouve ; on est dans un défilé de montagne, on ne sait pas, par suite de la marche de la garde, quand la division pourra, en général, faire arriver ses trains. En principe, les caissons de munitions doivent rester au train de la division. Il suffit que l'on puisse compter sur son arrivée après quelques heures, parce que la bonne discipline observée au feu par notre infanterie, et le grand nombre de cartouches, qu'elle porte avec elle, empêche qu'on ait vite épuisé les munitions données.

On est aussi amené à considérer la position des différents quartiers généraux, par la circonstance où se trouve la 1re division d'infanterie de la garde, qui cherche à s'éclairer à Liebau, c'est à dire en passant par Schömberg, sur ce qui devait se passer le 27 à Schömberg à la 2e division d'infanterie. En général, chaque commandant appartient à la masse de ses troupes.

Mais si son corps n'est qu'une fraction d'un tout plus considérable, il ne doit pas cependant perdre de vue que ses mouvements dépendent des dispositions du chef dont il a en premier lieu les ordres à exécuter, et qu'il doit, avant tout, recevoir l'expression de la volonté de ce chef. L'existence des stations télégraphiques peut avoir ici une influence essentielle. Par exemple si le commandant du 1er corps d'armée voulait lier ses mouvements avec ceux du corps de la garde, il aurait dû placer son quartier-général à Schömberg; mais comme il dépend des dispositions du commandement supérieur de la 2e armée, il devait rester à Liebau, dont la station télégraphique lui permet la communication la plus rapide avec lui. De même, le commandant de la 2e division d'infanterie ne devait pas se tenir en permanence à son avant-garde ; quelque fût l'intérêt qu'il eût à être informé de bonne heure des mouvements éventuels de l'ennemi, il était encore plus important d'assurer la prompte exécution d'un ordre reçu de son général en chef.

Un ordre de ce genre l'aurait atteint seulement à l'avant-garde, au delà de Schömberg, à 1/4 mille du gros de la division, et delà il aurait dû le renvoyer à Schömberg. Il aurait donc fait inutilement un chemin double, avant que la division pût être mise en mouvement. Pour tout ce qui pouvait survenir de la part de l'ennemi, le commandant de l'avant-garde était là avec l'avant-garde, pour parer au danger d'un retard, et la division arrivait tout aussi vite à son soutien, si le commandant de la division se tenait à Schömberg, que s'il se tenait à l'avant-garde.

Le peu d'attention qu'on a mis dans ce choix d'un quartier-général, a produit maints retards inutiles, à la guerre, et des malheurs en ont été la conséquence.

Au reste, remarquons ici que le divisionnaire ou son officier d'état-major doit toujours être présent au quartier-général; l'éloignement des deux en même temps est inadmissible. Qu'il arrive des ordres importants pendant leur absence, des avis ou des demandes, les aides de camp de division ne sont pas dans la situation de pourvoir aux nécessités, attendu qu'il leur manque, d'ordinaire, d'être initié à l'orientation générale et à la connaissance des intentions de leur chef.

MARCHE EN AVANT SUR PARSCHNITZ.

Le général A monta à cheval à 3 heures 1/2 du matin et se rendit avec son état-major à l'avant-garde.

Le détachement de hussards, qui se trouvait dans la ville, avait été désigné, pour marcher avec le 2e régiment d'infanterie.

Au gros de l'avant-garde étaient déjà arrivés le régiment de hussards, la compagnie de pionniers, et la section du détachement de santé. Les troupes réunies se tenaient prêtes à marcher; le bataillon de fusiliers, qui avait les avant-postes, avait fait rentrer les grands'gardes, parce que l'ennemi était très éloigné, et que les patrouilles de hussards s'étaient déjà portées en avant sur l'unique route, et se trouvaient à environ 1,000 pas en avant près de la chaussée. Le général-major B venait de réunir autour de lui les commandants de troupes, et leur communiquait ses ordres :

Ils portaient :

« La division s'avance sur la route de Trautenau jusqu'à Parschnitz, où elle se réunira avec la 1re division d'infanterie, venant de Liebau.

« *Major N*, vous prendrez l'extrême avant-garde avec le bataillon de fusiliers, le 4e escadron, 2 pièces et la compagnie de pionniers. Tout ce qui se montrera de l'ennemi, vous l'attaquerez aussitôt. Vous aurez à vous mettre en communication avec la 1re division d'infanterie, au moyen de patrouilles de cavalerie, par les chemins qui conduisent par dessus la montagne.

« *Colonel D*. Vous suivrez avec les 2 bataillons de votre régiment, à la distance actuelle, la batterie derrière le bataillon de tête ; après l'infanterie, marchera le détachement de santé et après celui-ci, le régiment de hussards.

« *Les trains* resteront réunis au Nord de la route jusqu'à nouvel ordre. Les avis à m'envoyer me trouveront à l'avant-garde. »

Pendant que le 4e escadron et les 2 pièces s'avançaient avec la compagnie de pionniers près du bataillon de fusiliers, le commandant de ce bataillon avait couru en avant, et avait déjà poussé la 12e compagnie à 300 pas plus loin. (Voir pl. III.)

Peu avant 4 heures, les diverses fractions de l'extrême avant-garde étaient formées en avant, dans l'ordre où elles devaient marcher, et à 4 heures, l'avant-garde se mettait en mouvement.

Le commandant de la division vit défiler devant lui les différentes colonnes et attendit à cet endroit le gros de la division, pour s'assurer que tout était formé dans l'ordre prescrit.

Il faut absolument recommander à tout chef ou général de voir défiler devant lui au moins une fois par jour ses troupes en marche, pour en contrôler la discipline de marche, et en général se faire une idée de leur tenue.

Si l'ennemi n'est pas dans le voisinage, et si la présence du général n'est pas absolument nécessaire à la masse de la troupe, il est encore très important de passer une inspection analogue aux bagages et aux trains, sans quoi il s'introduit des irrégularités de toutes sortes.

Pour la formation de l'avant-garde, il y a encore à remarquer :

La cavalerie doit prendre la tête, même dans la montagne ; seulement il faut en limiter la force à employer; à proprement parler, elle ne doit qu'assurer et avertir; des patrouilles de cette arme suffisent donc dans un tel terrain. Cependant, comme ici l'on connait la présence de dragons ennemis, il devrait paraître convenable de mettre en tête autant de cavalerie, que la largeur de la vallée permet d'en déployer pour le combat, c'est à dire, au plus, un escadron.

Une compagnie poussée en avant sert de soutien à cette cavalerie ; elle peut assez rapidement se détourner du chemin, si cette cavalerie est repoussée par l'ennemi, et suffit pour arrêter la poursuite.

D'un autre côté, dans ce terrain de défilé, la cavalerie peut facilement être arrêtée par des détachements d'infanterie ennemis, elle a par conséquent besoin de son infanterie, pour les repousser. Si on laissait la masse de l'infanterie suivre en colonne serrée la cavalerie, elle ne pourrait sortir assez vite du chemin, si cette dernière était poursuivie; elle serait entourée par elle, et le tout tomberait ensuite en désordre.

La formation d'une pointe d'avant-garde est d'autant plus nécessaire ici, que l'on ne peut partout se détourner dans une vallée encaissée, et que l'on serait souvent enfilé de loin par l'artillerie ennemie, qui apparaîtrait subitement sur un éperon de la montagne, qui se trouve en cet endroit.

L'organisation de l'avant-garde doit donc prendre ici une plus grande profondeur que dans un terrain plat et découvert.

De plus, il est bon d'adjoindre à la pointe d'avant-garde 2 *pièces, ainsi que la compagnie de pionniers.* On aura presque partout occasion de placer les deux pièces. Elles ont surtout pour but de forcer les détachements ennemis, qui s'approcheraient, à se tenir et à se déployer à de plus grandes distances, et de leur causer des pertes, quand ils se retireront.

Cependant il faut se rappeler qu'un tel détachement de la batterie est une exception; la réunion de la batterie doit être la règle; en plaine, la batterie d'avant-garde marchera également réunie.

Les pionniers ne doivent pas être trop éloignés de la tête d'une colonne de marche. Un seul pont de chaussée détruit peut arrêter la marche de toute la division : Son rétablissement ne peut jamais se faire assez vite; aussi il faut avoir toute la compagnie pour y travailler immédiatement.

Les fractions de troupes (1 bataillon, 1 escadron, 2 pièces et la compagnie de pionniers) forment *la pointe d'avant-garde*, dont la composition varie suivant les circonstances. En terrain tout à fait découvert, si une forte cavalerie marche en avant, souvent l'on n'a pas besoin d'une pointe d'avant-garde, composée de toutes armes.

Dans le gros de l'avant-garde, les troupes suivent, dans l'ordre le plus favorable à leur emploi, pour le cas où on rencontrerait l'ennemi. Si la pointe d'avant-garde trouve une résistance opiniâtre, telle qu'on soit forcé d'engager le gros, l'artillerie doit alors chercher à préparer l'attaque, si c'est possible. Comme on ne peut cependant la faire marcher toute entière à la tête d'une nouvelle fraction de la division, on la fait suivre derrière le bataillon de tête.

Enfin, il y a encore un grand intérêt à se faire une idée de la longueur totale de la colonne de marche de la division, ainsi que du temps nécessaire pour la déployer et la tenir prête à être employée.

Longueurs de marche.

AVANT-GARDE.

1 régiment d'infanterie, avec chevaux de mains, 1 caisson de munit. et distances en arrière.	1060	2570
1 régiment de cavalerie, moins 1 peloton. . .	800	
1 batterie à pied de 4	460	
1 compagnie de pionniers.	140	
Section du détachement de santé	110	
Plus les dist. entre les diverses part. de l'avant-garde.		1500
Distance entre l'avant-garde et le gros		1000

GROS DE LA DIVISION.

Troupes.

1 régiment d'infanterie (comme ci-dessus). . .	1060	4770
3 batteries, y compris leur état-major. . . .	1420	
1 brigade d'infanterie	2190	
Section du détachement de santé	100	

Ambulance, chevaux de bâts, et fourgons qui ont à suivre la queue de la division.

De l'état-major de division.	70	640
Des 2 brigades d'infanterie	360	
D'un régiment de cavalerie	60	
De l'artillerie à pied.	10	
1 ambulance.	140	
	Total. . .	10480

Par conséquent, la colonne de combat d'une division d'infanterie a un peu plus d'un mille de longueur ; il faudrait à peu près une demi-heure à un ordre pour aller de la tête à la queue, en longeant les colonnes ; pour aller de la queue à la tête, il faudrait plus du double de temps.

Si le déploiement doit se faire à hauteur de la pointe d'avant-garde, la dernière subdivision aura à faire presque 10,000 pas, et la division ne pourra y être réunie qu'en 1 heure 3/4 environ.

Pour avoir la longueur totale de la division mobile, il faut encore tenir compte des trains.

Ceux-ci comportent :

Pour 2 brigades d'infanterie, (moins 1 caisson de munitions par régiment)	940 pas
Régiment de cavalerie	30
Compagnie de pionniers	30
Détachement de santé	30
Services divers	120
Total	1150 pas

Et si l'on compte encore environ 2500 pas de distance, entre la queue de la division et la tête des trains, dans le cas où ceux-ci suivent immédiatement, la longueur totale de marche d'une division mobile d'infanterie se montera à 14130 pas ; elle prend donc près de 1 mille et demi.

Dans notre exemple, il faut aussi tenir compte *de la brigade de cavalerie et de la batterie à cheval :*

Longueur de marche de la brigade	1720 pas
Longueur de marche de la batterie à cheval. . .	500
Total. . .	2220 pas
Chevaux de bâts et fourgons suiv. immédiatement.	130 pas
Fourgons joints aux trains de la division. . . .	70
Total. . .	2420 pas

On a, par conséquent, pour la colonne du 1er corps d'armée, qui marche le 27 juin, au matin, de Schömberg vers Parschnitz, une longueur de marche de 12830 pas, et, dans le cas où les trains suivraient la division à 1/4 de mille, 16550 pas. Nous comptons le pas de 0m80 (9415,6 pour le vieux mille), c'est à dire un peu plus grand que ne le porte l'échelle sur les plans de bataille. La différence est trop insignifiante pour être prise en considération; car il faut observer que toutes les profondeurs normales de marche de ce genre ne sont exactes qu'approximativement. Elles supposent les troupes dans l'ordre le plus serré et dans leur complet état. Ni l'une ni l'autre de ces conditions n'ont lieu dans la réalité ; mais quand on calcule le déploiement d'une division, qui dure environ 1 heure 3/4, il importe peu que l'on compte 5 minutes en trop ou en moins. Les profondeurs de marche normales doivent seulement fournir un point de repère qui permette de s'en faire une idée à peu près exacte, et, pour ce but, elles suffisent complétement[1].

[1] L'infanterie marchait par section, la cavalerie, par 3, et l'artillerie, par un.

A l'arrivée du gros de la division, *le commandant de la division* profita de l'occasion pour donner communication, aux divers commandants, de la marche de la 1re division de la garde. Après s'être assuré que la colonne se trouvait en marche dans l'ordre prescrit et qu'il n'y avait lieu à lui rien rappeler, relativement à la discipline de marche, il se rendit à l'avant-garde.

Celle-ci avait, à son départ, envoyé *une patrouille* de 3 chevaux à la 1re division d'infanterie, avec la communication écrite suivante :

Avant-garde de la 2e division d'inf. — **Bertelsdorf, 27 juin 4 h. matin.**

« L'avant-garde est partie à 4 heures de Bertelsdorf et est en marche sur la grande route de Schömberg à Parschnitz. »

B.
Général-major.

Lorsque la tête arriva devant Petersdorf, la division fit un court rendez-vous, pour lequel la colonne de marche s'arrêta sur la route, dans sa formation.

On put seulement ici, par un chemin qui menait par dessus la montagne, envoyer *une 2e patrouille* vers la vallée de Golden-Œls, dans la direction de Bernsdorf. On lui donna la communication écrite suivante pour la 1re division d'infanterie.

Avant-garde
de la 2e division d'inf.

Petersdorf, 27 juin
5 h. 30 m. matin.

« La tête de l'avant-garde vient d'atteindre Petersdorf.

« Jusqu'à présent, on n'a rien aperçu de l'ennemi. »

B.
Général-major.

D'un autre côté, à 6 heures 15, un sous-officier, avec 6 dragons de la 1re division d'infanterie, arrivait près du lieutenant-général A. et lui remettait le billet suivant :

1re division d'inf.

Devant Bernsdorf, 27 juin
5 h. 25 m. du matin.

« La division s'est mise en marche sur Parschnitz. A 1000 pas en avant de Bernsdorf, un pont de chaussée détruit la força de s'arrêter. De l'autre côté du pont, 1 peloton de dragons Windischgrätz attaqua la tête de l'avant-garde, mais il fut repoussé avec perte. La division vient d'atteindre Bernsdorf; des patrouilles de cavalerie ennemie observaient la marche des hauteurs. »

J. A.
N.
cap. d'état-major de la 1re division.

Un récépissé, avec indication de l'heure, fut

donné au chef de la patrouille, avec l'annotation : rien de nouveau de ce côté.

A Velota, le peloton de hussards, qui se trouvait en tête, rencontra des dragons ennemis; ceux-ci se retirèrent assez rapidement dans la direction de Trautenau, quand le reste du 4e escadron s'approcha.

A 6 heures 30, la tête de l'infanterie de l'avant-garde débouchait de la montagne, à l'est de Parschnitz; le gros atteignait le côté sud de Petersdorf; la queue de la brigade de cavalerie se trouvait en ce moment au milieu de Bertelsdorf.

Quelques cavaliers se montrèrent à hauteur de la sortie ouest de Parschnitz; autrement, nulle part il n'y avait rien de saillant à remarquer; sur la route de Liebau, on ne voyait aucun mouvement de troupe.

REMARQUES SUR LA MARCHE JUSQU'A PARSCHNITZ.

D'ordinaire, c'est par de la cavalerie seule que la communication avec les colonnes voisines, même dans la montagne, peut être faite; son action est naturellement limitée sur les chemins, et on ne peut prévoir son retour à temps. Il n'est même pas nécessaire qu'elle revienne à temps fixé, pourvu que l'autre colonne n'omette pas d'envoyer également des patrouilles; car ces patrouilles, dans les conditions de terrain où l'on se trouve, n'ont pas pour but de prendre des renseignements pour celui qui les envoie, mais d'orienter le chef auquel elles sont envoyées. La force de ces patrouilles peut être très faible ; seulement il faut y employer plus de chevaux si l'ennemi est réellement dans le voisinage. C'est pour cette raison que la 1re division envoya aussi 1 sous-officier avec 6 chevaux, lorsque sa tête était déjà tombée en contact avec de la cavalerie ennemie.

Les rapports de semblables patrouilles ne sont pas sans valeur. Ainsi, par exemple, l'avis de la rupture du pont indique que la 2e division d'infanterie entrera probablement plutôt à Parschnitz que la 1re division d'infanterie, et devra, par conséquent, prendre avant tout des mesures pour sa propre sûreté.

De plus, l'attaque du peloton de dragons Windischgrätz sur la tête de la 1re division d'infanterie montre qu'il se trouve de la cavalerie ennemie sur cette route, et que la 2e division doit envoyer, à la sortie du défilé de Parschnitz, une plus forte patrouille, à la recherche de la communication avec la 1re division. Enfin, si un massif montagneux sépare les lignes de marche de 2 colonnes, il ne faut jamais compter avec certitude qu'un combat, engagé dans l'une des vallées, est aussi entendu dans l'autre (3e et 4e divisions au combat de Jicin).

Mais, s'il y a une communication, on peut faire traverser la montagne à un détachement de la colonne, qui ne se trouve pas engagé dans le combat, et être ainsi de la plus grande utilité à l'autre colonne, surtout si on le dirige sur les derrières de l'ennemi.

Il n'est pas nécessaire de fouiller scrupuleusement le terrain comme les exercices de la petite guerre, pendant la paix, l'ont si souvent fait introduire dans les manœuvres de la grande guerre; la division serait ainsi employée tout le jour à arriver seulement à Parschnitz. Il n'est certes pas supposable que, dans le terrain voisin, se cache une masse de troupes qui pourrait être dangereuse pour toute une division; et si une plus petite fraction de troupe voulait le tenter, son existence serait compromise.

De plus, il n'est pas admissible de faire cotoyer la marche de la colonne par des détachements d'infanterie, chargés de couvrir les flancs sur les montagnes. Montant et descendant sans cesse, sans chemin, ils resteraient loin en arrière, même quand ils se mettraient en marche avec l'avant-garde.

Si les bords de la vallée ne sont pas extraordinairement bien disposés, on ne peut couvrir ainsi les flancs que lorsque l'on rencontre des vallées parallèles qui permettent d'y diriger des colonnes de marche dans ce but. Si ce n'est pas le cas, si des vallées transversales, d'où l'ennemi pourrait sortir, débouchent sur la route que nous suivons, il faut pourvoir à sa sûreté en y envoyant des détachements qui rejoindront éventuellement la queue de la colonne de marche.

RENDEZ-VOUS DE PARSCHNITZ.

La tête de l'infanterie de l'avant-garde atteignit, ainsi qu'il a été dit plus haut, le pont de l'Aupa, situé devant Parschnitz, vers 6 h. 30' du matin. De là, le commandant de la division se rendit dans la prairie située au Nord, pour pouvoir mieux juger le terrain.

La contrée avait ici complétement changé de caractère. Pendant le dernier mille, on avait toujours marché dans une vallée étroite, dont les bords étaient généralement escarpés, souvent formés de rochers : la vallée s'ouvrait maintenant en un plus large bassin, enfermé dans un cercle de hauteurs plus douces et moins importantes par leur élévation. Elles étaient encore escarpées, vers leur base, mais en quelques endroits seulement.

A environ 3500 pas de la sortie du défilé, où l'on pouvait clairement distinguer la jonction des routes tranchant en blanc sur le paysage, les bords de ce bassin semblaient de nouveau se resserrer pour former un nouveau défilé, et l'on apercevait derrière cette ouverture, à une grande distance, des contours bleus de montagnes, dont la hauteur ne dépassait pas la moitié de celles qui formaient ce défilé, ce qui faisait supposer derrière celui-ci un terrain plus uni. Au pied des hauteurs qui bordaient la vallée à gauche, s'étendait jusqu'au défilé le village allongé de Parschnitz ; dans les jardins de ce village, on apercevait plusieurs grands bâtiments en pierre et quelques cheminées de fabriques. Au sud du village, les montagnes s'élevaient insensiblement en pente uniforme; cependant à 1/4 de mille de marche sur la montagne se présentait une hauteur plus élevée, dont la crête boisée bornait l'horizon de ce côté. Les points extrêmes allaient tomber assez brusquement vers la sortie ouest de Parschnitz et dans la vallée de Rausnitz. Cette dernière, que l'on pouvait voir jusqu'à une grande distance, avait le même caractère de défilé que le terrain parcouru jusqu'ici.

Si l'on tournait ses regards plus loin, vers la droite, on remarquait le village de Volta, bâti sur les deux flancs d'une gorge, près du point où la chaussée de Liebau débouche dans la vallée, après avoir traversé un éperon avancé de la montagne.

Les hauteurs qui partaient de ce village, en longeant la chaussée, présentaient plusieurs sommets couverts de bois, dont l'élévation paraissait d'autant moins importante, que l'on voyait par dessus se détacher de l'horizon, quoique à une grande distance, la puissante masse des Riesengebirge, dont les cîmes couvertes de neige s'élevaient à une hauteur considérable.

Au premier aspect, il était clair pour le *commandant de la division* que le rendez-vous, ordonné à Parschnitz, ne pouvait être tenu sans d'importantes mesures de sûreté.

Il n'y avait certes rien à craindre du côté de

Volta, puisque la marche de la 1re division d'infanterie et surtout son détachement de droite dirigé par Schatzlar, ne pouvaient tarder à faire sentir bientôt leur influence dans ce terrain. En tous cas, il fallait occuper le défilé situé à l'ouest de Parschnitz, dans la direction de Trautenau jusqu'à l'arrivée de la partie de la 1re division d'infanterie qui devait faire l'avant-garde du corps d'armée; il fallait surtout porter son attention sur les hauteurs situées au sud de Parschnitz et sur la vallée de Rausnitz. Si jusqu'ici on n'avait eu lieu d'attendre l'ennemi que devant soi, sur le chemin déjà parcouru, il en était tout autrement à la sortie de la montagne. Car, s'il y avait de grandes masses ennemies dans le voisinage, elles ne pouvaient venir que de la direction de Könighinhof à Trautenau, ou de Josephstadt par Eypel sur Rausnitz, ou par le terrain compris entre ces deux directions, c'est à dire dans le flanc gauche de notre marche en avant.

Un instant *le général de division* se demanda s'il ne valait pas mieux, par suite du retard de la 1re division d'infanterie, pousser la marche jusqu'à Trautenau, et se mettre en possession du nœud des routes qui s'y croisent ainsi que du passage de l'Aupa.

Mais, d'après le dernier paragraphe des instructions du corps d'armée, il s'agissait avant tout, pour le général en chef, de concentrer le corps d'armée sur la rive gauche de l'Aupa; il dut donc abandonner cette idée.

Pendant ce temps, les troupes étaient restées en marche sur la grande route. Le lieutenant-général fit expédier à la 1re brigade de cavalerie l'ordre de prévenir la 1re division d'infanterie de la garde dès qu'elle aura dépassé Albendorf.

Devant Parschnitz, le 27 juin, 6 h. 45' matin.

Aussitôt qu'elle aura dépassé Albendorf, la brigade préviendra la division d'infanterie de la garde, qui est en marche par Adersbach et Qualisch, que la route est libre pour elle.

A la 1re brigade de cavalerie.

J. A.

Major, offic. d'état-major de la 2e div. d'inf.

Il se rendit ensuite près du *général-major B.*, qu'il trouva à 6 heures 50' près de la lisière nord de Parschnitz, au point où débouche le chemin venant de Volta.

Ce général, de son point d'observation, avait déjà tenu compte des nouvelles dispositions du terrain.

Aussitôt après le passage du pont de l'Aupa, il avait ordonné au commandant de la pointe d'avant-garde :

« Détachez, pour vous couvrir du côté d'Eypel, une compagnie et un demi peloton de hussards, vers la sortie sud de Parschnitz, qui se trouve dans la vallée de Rausnitz [1]. A l'arrivée de la 1re division de la

[1] Les hussards éclaireront la vallée jusqu'au delà de Rausnitz.

garde, ce détachement rentrera à la division.

« Envoyez, de plus, 1 officier avec un demi peloton de hussards sur la chaussée de Liebau pour avoir des nouvelles de la 1re division d'infanterie. Il faudra informer cet officier qu'il y avait, il y a peu de temps, encore de la cavalerie ennemie sur la chaussée. »

De petites patrouilles de cavalerie avaient déjà été envoyées dans ces deux directions; mais à peu de distance; le 2e peloton du 4e escadron éclairait les hauteurs au sud de Parschnitz.

Le commandant de la pointe d'avant-garde désigna la 11e compagnie de son bataillon pour aller dans la vallée de Rausnitz, et prit, dans le 4e escadron, placé sous ses ordres, les détachements de cavalerie nécessaires, spécialement dans le 3e peloton, qui avait déjà fourni les patrouilles détachées précédemment, et qui n'étaient pas encore rentrées.

Les deux pelotons restant (4e et 1er) s'avancèrent en dehors de la lisière nord du village, dans la rue duquel ils ne firent entrer que quelques chevaux, tandis que le reste de la pointe d'avant-garde gardait la route.

Le général-major B., s'était bientôt tourné vers le colonel D., et lui avait dit : La division reposera ici. Envoyez un bataillon pour la couvrir sur la hauteur au sud de Parschnitz. Le peloton de hussards, qui s'y trouve déjà, passera sous les ordres du commandant de ce bataillon.

Le colonel D., ordonna au 2e bataillon, qui se trouvait en tête du gros de l'avant-garde, de gravir la hauteur par un des chemins qui sortent de Parschnitz vers le sud, et de prendre une position vers la crête boisée des hauteurs pour couvrir la division, tout en poussant en avant des patrouilles de cavalerie, dans ce but.

Enfin, *le général-major B.* envoya encore au commandant de la batterie l'ordre de réunir sa batterie à la pointe d'avant-garde, et au régiment de hussards, qui se trouvait à la queue de s'avancer au trot au nord de Parschnitz, sans passer dans la rue du village, et de suivre les deux pelotons du 4e escadron, envoyés à l'ouest vers Trautenau.

A l'exception de la dernière disposition, les ordres étaient en partie exécutés, en partie en cours d'exécution, lorsque *le général de division* arriva près du général-major B. Celui-ci lui fit la communication suivante :

> « J'ai poussé en avant, dans la vallée de Rausnitz, une compagnie et un demi peloton de hussards, avec l'ordre de couvrir la division du côté d'Eypel, jusqu'à l'arrivée de la 1re division d'infanterie de la garde.
>
> « De plus, 1 bataillon et 1 peloton de hussards sont détachés sur la hauteur au sud de Parschnitz, pour couvrir le rendez-vous de la division, et un demi peloton de

hussards a été envoyé sur la chaussée de Liebau vers la 1re division d'infanterie. »

Le général de division se déclara d'accord avec ces dispositions; toutefois il ajouta :

« Le général en chef a le projet, après que nous aurons reposé ici, de marcher en avant avec le corps d'armée réuni, par Trautenau, dans la direction d'Arnau.

« La division doit alors couvrir le flanc sur la rive droite de l'Aupa, et nous pourrons immédiatement après ranger les troupes en conséquence.

« Faites occuper le défilé de la route, situé à l'ouest de Parschnitz, par le colonel D, avec les deux bataillons de l'avant-garde, qui sont encore dans la vallée, la batterie de 4 et 1 escadron, et dites-lui d'éclairer vers Trautenau.

« Couvrez en personne avec le reste de vos troupes, en vous portant sur les hauteurs au sud de Parschnitz. Je vous y enverrai l'autre régiment de votre brigade ainsi qu'une batterie. »

Le commandant de la brigade donna des instructions dans ce sens au colonel D., qui reçut ainsi à sa disposition :

3 compagnies du bataillon de fusiliers et le 1er bataillon de son régiment;

2 pelotons du 4e escadron, ainsi que la 1re batterie de 4.

Les 2 3/4 escadrons réunis sous les ordres de leur commandant de régiment, la compagnie de pionniers et la section de santé furent dirigés par le *général-major B.*, par un des chemins sud du village, vers le 2e bataillon du 1er régiment (sommet 290), pendant que le 2e peloton du 4e escadron, déjà antérieurement envoyé sur ce point, s'était avancé vers le milieu du massif boisé des hauteurs.

Ces dispositions furent prises à 7 heures. La 12e compagnie du 1er régiment, qui se trouvait en tête sur la grande route, avait atteint à temps la sortie ouest de Parschnitz; les deux pelotons du 4e escadron, qui se trouvaient en avant de cette compagnie, avaient déjà passé le court défilé, situé à 700 pas de là. On apercevait clairement les premières fractions du gros de la division qui s'approchaient de la sortie du défilé de Schömberg.

Le lieutenant général A dut encore donner au gros les ordres nécessaires et assigner aux troupes, à leur arrivée, les endroits désignés pour le repos. Il donna donc à son officier d'état-major la mission suivante :

> « Retournez au pont de l'Aupa et dirigez le 2e régiment d'infanterie sur les hauteurs au sud de Parschnitz, où il passera sous les ordres de son général de brigade. La batterie de tête de l'artillerie suivra le régiment.
>
> « Dirigez les corps restants au nord

de Parschnitz, sur les emplacements de rendez-vous suivants :

« La 4e brigade d'infanterie, à l'ouest du chemin de Volta à Parschnitz ;

« L'artillerie, les bagages, l'ambulance et la brigade de cavalerie à l'est de ce chemin, l'artillerie à l'aile droite. »

L'officier d'état-major arriva à 7 heures 8', juste encore à temps au pont, lorsque la tête du 2e régiment le passait. Le régiment appuya aussitôt à gauche.

A 7 heures 20', l'artillerie arrivait au même point; la 2e batterie de 4, qui se trouvait en tête, suivit le 2e régiment; les deux batteries de 6 restèrent en dehors du village et reçurent leur direction vers la hauteur en forme d'éperon, qui, de Volta, s'avance en saillie par dessus la chaussée de Liebau ; elles parquèrent là, face à l'ouest, en batterie l'une derrière l'autre.

A 7 heures 35', déboucha la tête de la 4e brigade d'infanterie; elle atteignit à 7 heures 55' le chemin de communication des deux grandes routes, situé à l'ouest du chemin de Volta à Parschnitz. L'aile droite (1er bataillon du 3e régiment) vint s'arrêter à 100 pas de la chaussée de Liebau; les autres bataillons du régiment se déployèrent à gauche en formation de rendez-vous (en colonne sur le centre). Chaque bataillon forma les faisceaux après son arrivée, déposa les sacs, et marcha en avant, sans quoi le terrain aurait manqué, par suite de l'espace resserré, aux subdivisions qui se trouvaient en arrière.

Le 4e régiment forma une 3e ligne; il était déployé à 8 heures 15', la brigade de cavalerie à 8 heures 35' sur les emplacements désignés. La dernière se plaça en colonne de régiment par escadron, les régiments l'un à côté de l'autre, la batterie en ligne en arrière.

Pendant ce temps, le général de division avait déjà reçu à 7 heures 18', l'avis suivant du colonel D., qui se trouvait sur la route de Trautenau.

> « Le pont de l'Aupa à Trautenau est barricadé, et occupé par l'ennemi. Les hussards qui s'y sont avancés en ont reçu des coups de fusil. »

Il reçut pour réponse :

> « Le détachement observera l'ennemi et se bornera à l'occupation de la ferme située à l'ouest de Parschnitz. »

De plus, la patrouille envoyée à la 1re division d'infanterie était revenue à 8 heures 20'. Son officier annonça :

> « J'ai trouvé la division au nord de Golden-Œls, où la destruction d'un grand pont a arrêté sa marche. Le général en chef, auquel je me suis annoncé, a alors fait reposer la division ; elle reprendra sa marche à 8 heures 1/2.
>
> « On ne voyait pas de cavalerie ennemie; cependant, d'après le dire d'un habitant de Golden-Œls, 30 à 50 dragons

autrichiens, qui venaient dans la direction de Bernsdorf, auraient gagné assez rapidement la montagne, près de Gubersdorf vers l'ouest. »

La patrouille reçut ensuite l'ordre de rejoindre son escadron qui se trouvait à l'ouest de Parschnitz.

L'arrivée des troupes avait eu lieu sous les yeux du *général de division A.*, et il avait été frappé de quelques irrégularités. Ainsi, dans un régiment on avait enroulé les pattes d'épaule, au lieu de les boutonner; dans quelques bataillons, on avait ôté les cols, par suite de la chaleur, qui était déjà très grande, tandis que dans d'autres quelques hommes se l'étaient permis. Il y avait souvent trois ou quatre hommes commandés aux charrettes à bagages des bataillons de fusiliers; la plupart de ces hommes, pour s'alléger, avaient aussi placé leurs sacs sur ces charrettes. Les deux caissons de munitions amenés pour les régiments de la 4e brigade d'infanterie, marchaient avec les batteries de 6, et les chevaux de main de la cavalerie avaient la plupart l'air de chevaux de bât.

Toutes ces irrégularités furent admonestées à l'instant, et un aide de camp de division dut en prendre note pour en faire plus tard l'objet d'un ordre de la division toute entière.

Pendant ce temps, *le lieutenant-général A.* avait encore donné des ordres pour empêcher les hommes d'entrer dans le village; il avait prescrit que les corvées pour aller chercher de l'eau, seraient réunies et conduites par des officiers. La 4e brigade d'infanterie plaça les postes nécessaires pour l'observation de ces dispositions, ainsi qu'une garde de flanc à l'intersection du chemin de Volta avec la chaussée de Liebau. Il fut défendu d'aller sur la dernière chaussée.

Le commandant de la division se rendit ensuite au détachement du colonel D., pour reconnaître de ce point le terrain en avant, dans le cas d'une marche ultérieure.

Il était important d'examiner de plus près les dispositions des *diverses troupes détachées*.

Le colonel D. avait atteint à 7 heures 10', avec la 12e compagnie en tête, la lisière ouest du groupe de maisons, situé dans le défilé à 1,000 pas devant Trautenau et l'avait occupé. Les deux pelotons de hussards qui s'étaient avancés vers Trautenau, avaient trouvé le pont de l'Aupa barricadé et avaient essuyé quelques coups de feu. L'avis, ainsi qu'il a été dit, en avait été envoyé au commandant de la division. Comme on pouvait, des fermes, apercevoir le terrain jusqu'au pont, on fit retirer les hussards jusque derrière elles.

Le colonel D. détacha alors la 10e compagnie à 1,500 pas à droite, sur la hauteur située au nord, avec un demi peloton de hussards, pour patrouiller vers Hummelhof, pendant que la 9e compagnie resterait en réserve en arrière des fermes. Le 1er bataillon, la batterie, ainsi que le peloton et demi de hussards qui restaient encore, se reposèrent à la lisière ouest de Parschnitz ; un demi peloton d'infanterie traversa l'Aupa à gué, et se posta, pour couvrir le flanc gauche, à la pointe sud-ouest de la croupe boisée, qui vient, en s'escarpant, tomber dans la vallée.

Le bord escarpé de la vallée paraissait rendre l'emploi de la cavalerie impraticable. Les deux compagnies qui étaient en première ligne, gardèrent un peloton sous les armes, et se reposèrent sous sa protection sans toutefois déposer les sacs.

Le général-major B. s'était rendu à 7 heures, de la lisière nord de Parschnitz vers le sommet le plus central du massif des hauteurs boisées situées au sud, et y était arrivé six minutes plus tard ; le 2e bataillon du 1er régiment s'arrêta au sommet (290) non boisé ; le peloton du 4e escadron éclaira la forêt, et informa le général que l'on ne voyait rien de l'ennemi de l'autre côté ; sur la demande qui en fut faite, la largeur de la forêt fut estimée à environ 400 pas. La pente de la montagne avait paru de loin plus escarpée qu'on ne la trouva en la gravissant à cheval. La dernière partie de la pente était en effet plus difficile à gravir, sans toutefois être impraticable à l'artillerie ; seulement il ne fallait pas trop s'éloigner de la croupe dont les versants paraissaient si escarpés vers l'Aupa qu'il eût été impossible à de l'infanterie de la monter en ordre.

Le commandant de la brigade se rendit à la lisière opposée pour reconnaître le terrain, tant par rapport aux mesures de sûreté à ordonner, que pour la marche ultérieure.

La crête boisée se détachait d'une manière très marquée du terrain des hauteurs situées plus loin, par une ligne de ravins qui s'étendait de Rausnitz aux fermes situées sur la route de Liebau. Le point d'attache se trouvait à environ 500 pas sud-ouest de l'endroit où se tenait le général (sommet 504) ; de là cette ligne de ravins descendait en pentes escarpées vers les deux directions de l'Aupa. De l'autre côté du col, qui formait le point d'attache, s'élevait une nouvelle crête qui s'en allait dans la direction ouest vers le sud de Kriblitz, et présentait deux sommets (531 et 534), dominant le point de station indiqué. Vers le sud-ouest, la vue ne s'étendait pas au delà de 1,000 pas. Le terrain était beaucoup plus bas vers l'ouest et vers le sud, et permettait de voir à une distance d'environ 3,000 pas. Dans la première direction se trouvait le défilé profondément encaissé de Kriblitz, derrière lequel s'élevait le groupe du Hopfenberg et du Galgenberg, et se distinguait très clairement une partie de Trautenau. Jusqu'à ce défilé, le terrain semblait présenter une pente assez douce, se raidissant cependant assez vers l'Aupa, où elle venait finir par des escarpements. Vers le sud, au contraire, le terrain semblait aussi s'abaisser en général; une succession de petits sommets et de parcelles de bois lui donnait cependant un caractère accidenté et couvert. On distinguait un grand nombre de fermes (dernières maisons de la partie sud d'Alt-Rognitz et Rudersdorf), vers les lignes ondulées du terrain qui bornaient l'horizon et se confondaient les unes dans les autres. On n'apercevait aucune communication dans cette partie sud du terrain; par contre, le grand chemin de communication de Rausnitz à Trautenau, venait passer au col situé en arrière et se dirigeait vers l'ouest par Kriblitz.

D'après cette disposition générale du terrain, il suffisait d'un petit détachement placé au point d'observation actuel du général. Avec un poste poussé en avant sur la hauteur située au Sud du col, on pouvait découvrir l'approche de grandes masses de troupes assez tôt, pour pouvoir occuper encore à temps la lisière Sud de la forêt avec le gros des forces.

Le terrain n'était pas aussi favorable, pour protéger le flanc du corps d'armée, dans le cas d'une marche ultérieure. Comme le corps d'armée devait suivre, au sortir de Trautenau la route de Pilnïkau, ce flanquement ne pouvait se faire que dans la direction d'Hohenbruck, et la marche à travers champs de la colonne flanquante aurait rencontré de grandes difficultés. Il ne restait donc guère d'autre moyen que de prendre le chemin de Rausnitz à Kriblitz avec la majeure partie des troupes, principalement avec l'artillerie, et de voir s'il n'y avait pas un chemin de communication de ce dernier village à Hohenbruck. On pouvait s'en assurer immédiatement par une reconnaissance. Toutefois une partie de la cavalerie devait alors même cotoyer la marche et se diriger directement sur Hohenbruck.

Il faut encore remarquer que le 2e peloton du 4e escadron se trouvait déjà en mouvement vers la hauteur à l'Est de Kriblitz.

Après s'être entièrement orienté, le général-major B envoya son aide de camp en arrière, pour aller chercher le 2e bataillon du 1er régiment, ainsi qu'un peloton de hussards, et donner l'ordre aux troupes restantes de s'avancer jusqu'à la lisière Nord de la crête boisée, et de s'y reposer.

Le 2e bataillon arriva à 7 heures 30' près du général. La 5e compagnie fut postée près du chemin de Rausnitz, et poussa une grand'garde sur la hauteur située au Sud. Le reste du bataillon forma les faisceaux derrière le sommet 504. Le peloton du 3e escadron, qu'on avait été chercher, fut poussé en avant, pour éclairer le terrain entre Alt-Regnitz et Rausnitz ; ce peloton, ainsi que le 2e du 4e escadron, reçurent en même temps la mission de reconnaître les chemins qui conduisaient sur Hohenbruck.

Le général-major B se rendit ensuite au gros de son détachement, dont la dernière subdivision arriva à 7 heures 30' au rendez-vous prescrit. Se trouvaient là :

Le 2e régiment d'infanterie.
2 1/2 escadrons de hussards
La 2e batterie de 4.
1 compagnie de pionniers.
1 section du détachement de santé.

La 3e fraction momentanément détachée de la

division, comprenait la 11e compagnie du 1er régiment d'infanterie et 1/2 peloton de hussards, dans la vallée de l'Aupa, qui conduit à Rausnitz. La compagnie s'établit dans le jardin de la ferme située le plus au Sud, et envoya 1/2 peloton à 600 pas, comme grand'garde. En outre du poste de devant les armes, cette grand'garde plaça un poste double sur la chaussée, et un 2e sur la pente de droite de la vallée, en un point, d'où il pouvait voir la vallée jusqu'à une grande distance, et d'où il pouvait faire aussi plus tard la communication avec le 2e régiment d'infanterie. Le 1/2 peloton de hussards s'avança vers Rausnitz, à l'exception de 2 chevaux, pour le service d'ordonnances.

Telle était la situation, dans laquelle se trouvaient le gros et les fractions détachées de la division, quand le général de division, ainsi qu'il a été dit, se rendit en avant à 8 heures 35' sur la route de Trautenau. Au moment où il arrivait à la sortie Ouest de Parschnitz (8 heures 40'), un officier de hussards, envoyé par le général-major B l'atteignit, et lui apporta la nouvelle suivante :

> « Une forte colonne ennemie de toutes armes est en marche sur Trautenau, par la route de Kenighinchof.
>
> « La tête se trouvait à 8 heures 10' à environ 1,500 pas au Sud d'Hohenbruck. »

CONSIDÉRATIONS SUR LE RENDEZ-VOUS DE PARSCHNITZ.

Jetons un dernier coup d'œil sur l'arrivée de la division au rendez-vous :

A 6 heures 30', la tête de l'infanterie de l'avant-garde atteint le pont de l'Aupa, et gagne l'emplacement désigné pour le repos; mais il lui faut encore marcher jusqu'à 7 heures 10', c'est à dire, 40', pour dépasser la place nécessaire au rendez-vous de la division, et gagner assez de terrain en avant, pour pouvoir la couvrir.

A 7 heures 30', les détachements tirés de là colonne pour assurer les flancs, ont atteint les positions qui leur ont été assignées.

A 8 heures 35', la dernière subdivision de toute la colonne est arrivée.

La colonne a donc employé à se déployer le temps écoulé de 7 heures 10' à 8 heures 35', ou une heure 25 minutes. Si l'on en déduit la brigade de cavalerie, qui fait ici, par exception, partie de la colonne, on trouve toujours une heure 2 minutes, pour le déploiement de la division sans ses trains.

L'avant-garde et le gros ont naturellement conservé une certaine distance; par conséquent, le gros ne s'est pas déployé à hauteur de l'avant-garde, mais plus tôt.

Si cependant le déploiement devait se faire au point où s'est arrêtée la tête, ces nombres se changeraient essentiellement : Alors la longueur de la colonne, y compris la brigade de cavalerie, mais sans train, étant de 12,830 pas, le temps du déploiement serait de 2 heures 8'.

Avec le train (16,550 pas), environ 2 heures 3/4.

Pour une division d'infanterie (sans brigade de cavalerie), avec une avant-garde formée :

Sans train (10,400 pas) — 1 heure 1/2.
Avec train (14,000 pas) — 2 heures 20'.

Sans avant-garde formée (les troupes en colonnes non interrompues) :

Sans train (7,900 pas) — 1 heure 20'.
[1] Avec train (11,600 pas), presque 2 heures.

On voit, par cet aperçu, quel temps coûte en général le déploiement de grands corps de troupes. Il faut donc éviter tout déploiement, s'il n'est pas absolument nécessaire.

Pour reposer quelque temps, il n'est besoin que de la halte simultanée dans la colonne de marche.

Tout déploiement successif est un mouvement préparatoire. La nécessité d'un combat, et non sa possibilité, peut seule le motiver; il ne faut donc le faire que si l'avant-garde trouve de la résistance dans sa marche en avant. Où donc en général se fera le déploiement, cela dépendra avant tout de l'ennemi, et rien que pour ce motif, il ne convient pas de le fixer à l'avance; il dépend aussi du terrain et des vues particulières.

[1] On admet, dans tous ces cas, une distance de 1/4 mille du train, à la queue des troupes.

En général, le terrain doit le rendre possible, et fournit la position, derrière laquelle on veut se battre, ou le champ de bataille, sur lequel on veut attaquer.

Dans ce dernier cas, le déploiement ne doit pas se faire trop tôt, car la marche en avant sur un front développé fatigue extraordinairement les troupes, et exige du temps. Si l'avant-garde a atteint une position en quelque sorte tenable, on a tout avantage à rester en colonne de marche jusqu'à cet endroit. Si l'on veut, au contraire, si c'est possible, atteindre un but de marche sans combat, on ne doit déployer que si l'on y est forcé.

Dans le cas présent, le commandement général avait ordonné un rendez-vous général sur l'Aupa. Lorsque la 2e division d'infanterie arriva à Parschnitz, la 1re division d'infanterie, qui devait fournir l'avant-garde, n'était pas encore arrivée. Comme on ne pouvait ainsi aller plus loin, il y eut aussi peu de temps perdu par le déploiement de la division pour l'ensemble des troupes que pour les troupes détachées.

De plus, l'on pouvait attendre l'ennemi au sortir de la montagne, et il était toujours bon d'être prêt au combat *si cela pouvait se faire sans sacrifice de temps*. C'était d'autant plus naturel ici, que la halte simple sur la route étroite de la vallée n'eût pas été conforme au but.

Une troupe doit naturellement se couvrir dans le voisinage de l'ennemi, comme dans la marche ;

il en est de même, si elle est rassemblée au rendez-vous. En terrain plat et découvert, l'avant-garde en sera seule chargée, et y suffira avec des forces très faibles ; mais plus le terrain et les conditions générales deviennent difficiles, plus il faut donner de soin à cette opération. Dans la réalité, on fait en général trop ou trop peu. Le « trop peu » passe mille fois impunément; mais s'il arrive une fois que les troupes soient surprises, votre réputation et celle du général en souffrent pour longtemps. Par suite, on est fréquemment tombé dans l'extrême opposé, et cela arrive toujours aux dépens des troupes. On ne doit jamais oublier que, si l'on veut leur donner du repos, il faut leur en accorder le plus que l'on peut.

C'est surtout avec la cavalerie que l'abus se manifeste dans la théorie et la pratique. On envoie souvent des régiments entiers, là où quelques patrouilles suffiraient; et, tandis que les autres armes reposent, toute la cavalerie est toujours sur les jambes. On oublie que si l'homme se laisse parfois repaître de belles paroles, et, malgré ses fatigues, peut fournir une nouvelle activité, sous le stimulant de l'ambition, le cheval ne peut être poussé par ce moyen; il lui faut manger, boire et se reposer. On peut certes, beaucoup demander à un cheval bien nourri, capable d'être tenu bien en haleine dans la campagne. Mais ces conditions font le plus souvent défaut; du reste, quand même elles existeraient, on ne doit pas gaspiller inutilement les forces des animaux.

Dans la plupart des cas, de petites patrouilles suffisent. Des cavaliers sûrs, bien montés, peuvent au besoin se permettre beaucoup de témérité.

Mais, plus le terrain est découvert, plus les patrouilles de cavalerie à envoyer en avant doivent être nombreuses ; elles ont alors besoin d'un soutien de leur arme. C'est pour cette raison, que le général-major B envoya tout un peloton dans les directions O. et S.

S'il y a dans le voisinage de forts détachements ennemis, et si la cavalerie ennemie est à sa place, elle ne laissera pas pénétrer nos patrouilles. Si l'on veut dans de tels moments s'orienter sur son adversaire, on ne peut employer assez de cavalerie, et ce serait, dans de pareils cas, une faute de la ménager.

C'est d'après ces considérations qu'il faut régler l'envoi en avant de la cavalerie ; il doit être établi comme principe, que c'est un devoir pour cette arme de garder à grande distance et d'éclairer sur l'ennemi. Il appartient au général, de résoudre ce problème avec une économie mesurée des forces ; car celui qui réduit déjà sa cavalerie avant le premier combat, ne peut certes plus rien en attendre pour et après le combat.

Quant aux mesures de sûreté à prendre, on voit ici comment elles s'étendent, elles et leur sphère d'action, d'après la force de la partie à couvrir. Une avant-garde peut bien, dans une certaine étendue, couvrir le front de sa division ; mais il arrive bien rarement qu'elle suffise, pour couvrir en même temps les flancs d'une division qui marche isolément ou se repose; c'est alors à la division elle-même à y pourvoir par de nouveaux détachements.

Ainsi se couvraient :

La pointe d'avant-garde, par un peloton de hussards, envoyé sur la hauteur au Sud de Parschnitz ;

la totalité de l'avant-garde par un bataillon et ce peloton;

la division, par 4 bataillons, 3 escadrons et 1 batterie. Plus le nombre des troupes employées à couvrir est grand, plus on peut les avancer, et elles pourront éclairer et couvrir sur une surface d'autant plus grande. Le bataillon détaché de l'avant-garde ne pouvait le faire que vers la crête boisée de la montagne ; le détachement plus gros qui suivait permettait de le faire bien au delà.

Cependant, si l'ennemi, par la direction qu'il suit, ne peut s'approcher que par un défilé, de petites forces suffiront, d'après la nature du défilé. Ici se présente le cas mentionné plus haut par rapport à la vallée de Rausnitz. Les détachements ennemis qui peuvent arriver par cette vallée ne peuvent venir que de Josephstadt par Eypel. L'avant-garde devait déjà se garder contre cette éventualité; elle le fit par une compagnie et 1/2 peloton de hussards. D'après la nature de ce terrain, ce détachement suffit pour la division; il ne faut donc pas le renforcer, mais lui donner l'ordre de rester là jusqu'à l'arrivée de la garde.

Si l'on voulait tenir sous les armes toutes ces fractions détachées, on achèterait le repos d'une moitié de la division aux dépens de l'autre moitié. Une telle mesure n'est pas absolument nécessaire; car la division est complétement couverte par l'envoi en avant de détachements mixtes à 1,000 ou 1,500 pas vers l'Ouest ou vers le Sud, et ces détachements n'ont à veiller que dans un rayon étroit à leur propre sûreté.

Il résulte de là que les postes doubles poussés en avant, et les éclaireurs de cavalerie sont les seuls qui ne reposent pas. Si l'on veut aussi y ajouter les grand'gardes, on a, dans le cas présent, comme troupes employées à ce service, pour couvrir la division :

En infanterie, du 1er régiment :

Grand'garde de la 10e compagnie, environ			1/2	peloton.
Poste de soutien de la 12e	id.	. . . . .	1	id.
Grand'garde du 1er bataillon		. . . . . .	1/2	id.
id.	2e	id.	1/2	id.
id.	11e compagnie	. . . . .	1/2	id.
		En somme,	3	pel. d'inf.

En cavalerie, du 1er hussards :

Au détach. du colonel D, du 4e		escadron.	1/2	peloton.
id.	gén. maj. B, du 4e	id.	1	id.
id.	id. 3e	id.	1	id.
A la 11e comp. du 1er rég. d'inf.	4e	id.	1/2	id.
		En somme,	3	pel. de cie.

ou ppr. seulement 250 hommes d'infanterie et 110 à 120 chevaux.

Entre autres dispositions, il reste encore à mentionner que les considérations, qui rendaient nécessaire jusque-là le partage du régiment de hussards et de la batterie de l'avant-garde, disparaissent, une fois que l'on est arrivé dans la plaine de Parschnitz et devant Trautenau; par conséquent, les parties séparées doivent de nouveau se rejoindre.

Enfin, remarquons encore, relativement aux points réprimandés par le général :

Le roulement des pattes d'épaules empêche de reconnaître promptement, quelles troupes on a devant soi, ce qui est important, surtout dans le combat. On doit pouvoir aussi établir facilement, à quelles troupes appartiennent les hommes isolés (maraudeurs, etc.)

L'enlèvement des cols peut, dans certaines circonstances, procurer un grand soulagement; mais aucun écart à la tenue prescrite ne peut être laissé au bon plaisir des divers commandants de troupes, encore moins aux hommes isolément. Autrement, il arrive qu'une portion de troupe marche en casque, une autre en bonnet; l'une porte le bagage, l'autre le fait suivre en voiture. Si deux troupes marchent ensemble, que l'une ait des allégements, que l'autre n'a pas, il en résulte du mécontentement; le désordre et l'indiscipline en sont facilement la conséquence. On doit donc maintenir l'exécution de l'ordonnance réglementaire autant que possible, encore plus sévèrement en guerre que pendant la paix, et lorsque certaines circonstances, comme ici dans la marche, rendent un écart désirable, cet écart ne peut se faire que sur l'ordre du commandant de la colonne. Ici donc, le commandant de la division seul pouvait autoriser l'enlèvement des cols; mais, si la division avait marché liée au corps d'armée, il ne pouvait donner lui-même cette autorisation. Le général en chef seul pouvait le faire. Il ne faut pas oublier non plus de prendre les mesures nécessaires, pour procurer de semblables soulagements.

Les caissons de munitions appartiennent à leurs régiments, du moment qu'ils ne se trouvent pas au train de la division. L'adjonction de ces caissons (séparés ou réunis) au détachement d'artillerie, est tout à fait inadmissible.

Quant au chargement des voitures réglementaires, et à l'adjonction d'hommes de troupes à ces voitures, rappelons ici les deux ordres verbaux positifs à donner :

> « Les charrettes à bagages des bataillons de fusiliers ont été surchargées de bagages, principalement de sacs, de sorte qu'ils ne pouvaient suivre, dans la marche de ce jour. Il peut en résulter les plus grands inconvénients pour les opérations. Les commandants de troupes feront enlever cette surcharge, et veilleront à ce que l'on ne recharge que les choses réglementairement permises. »

Et ensuite :

« Le général commandant a encore remarqué aujourd'hui, qu'il y a toujours trop de monde commandé aux fourgons des troupes. Là se trouvaient : ordonnances, capitaine d'armes et fourriers, qui n'appartiennent pas du tout aux voitures, mais doivent se tenir en ligne et en rang. Il y avait aussi aux voitures des secrétaires de bataillons et de régiments, qui ne doivent pas y appartenir en général ; s'ils sont envoyés aux bagages, il ne doit pas y avoir encore en outre des hommes commandés, et pris dans les rangs. A l'exception du caisson de munitions, auquel appartiennent toujours un sous-officier et un caporal, il ne doit y avoir à chacune des autres voitures réglementaires, qu'un seul homme commandé, c'est à dire, responsable, un secrétaire ou un homme que l'on doive ménager, et aux voitures non réglementaires, tout au plus un homme pour deux voitures, quel que soit leur chargement. »

FIN.

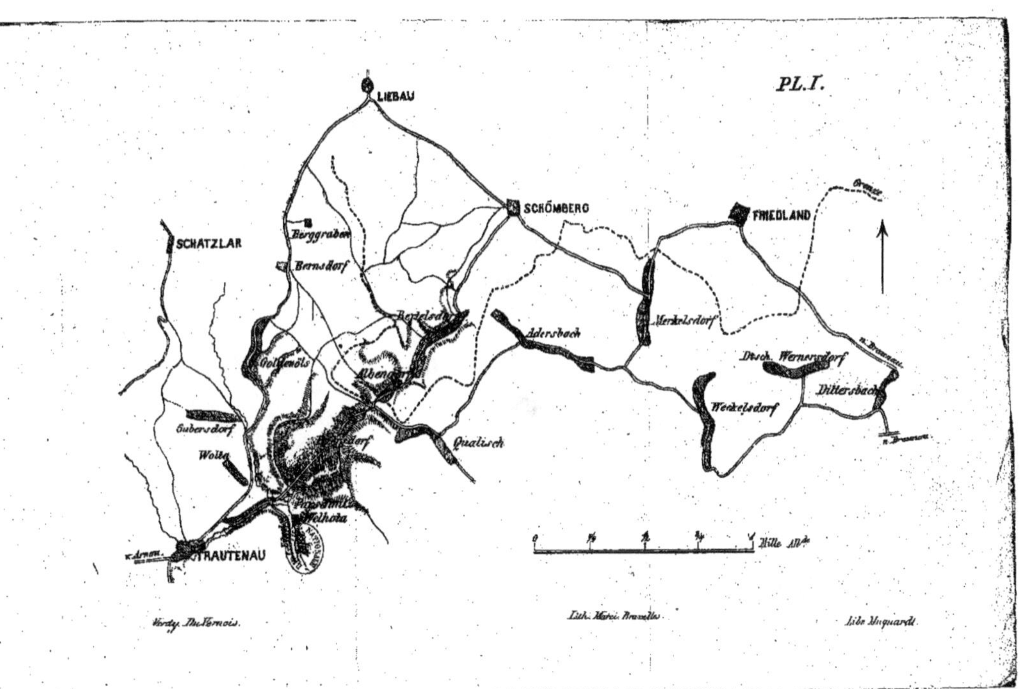
PL. I.
LIEBAU
SCHÖMBERG
FRIEDLAND
Grenze
SCHATZLAR
Berggraben
Bernsdorf
Adersbach
Merkelsdorf
Dtsch. Wernersdorf
Dittersbach
Weckelsdorf
Qualisch
Wolta
Wolhota
TRAUTENAU
v. Arnau
n. Braunau
Mille All^de
Verdy Du Vernois.
Lith. Marci Bruxelles.
Libr. Muquardt.

Ordre de Bataille

PL. II.

de la 2e Division d'Infanterie et de la 1re Brigade Cavalerie

2e Division d'Infanterie

Lieut! Général A

Officier d'Etat-Major Major X.

4e Brigade d'Infanterie
Général-Major C.

3e Reg! Infanterie Colonel F.
Bat^on Fusil 2 Bat. 1

4 Reg! Infanterie Colonel G.
Bat^on Fusil 2 1

3e Brigade d'Infanterie
Général Major B.

1r Reg! Infanterie Colonel D
2 1 Bat^on Fusil

2e Reg! Infanterie Colonel E
2 1 Bat. Fusil

1r Hussards Lieut-Colonel H.

Artillerie Major I.

2 Batt^ie de 6. 1re Batt^ie de 6. 2 Batt^ie de 4. 1re Batt^ie de 4.

Comp^ie de Pionniers

Det^t de Santé

1re Brigade de Cavalerie

1r Hulans Colonel K. Général Major L 1r Cuirassiers L Colonel M

Batterie à Cheval

2e Hulans détaché à la 1re Division.

Ambulance No 2 prov^t attachée à la 2me Division.

Verdy. Du Vernois. Lith. Marci Bruxelles. Libr. Muquardt.

Pl. III.

Formation de marche

Avant-Garde

Pointe d'Avant Garde (Norfus) — 4e Escadron du 1er hussards: 4e Peloton; 300; 3e Peloton

300

Bat.on fusiliers 1er Regiment: 12e Comp.ie; 300; 11e Comp.ie, 10e id., 9e id.

2 pièces de 4, Comp.ie Pionniers

600

Gros de l'Avant-Garde

2e Bat.on 1er Regiment

4 pièces de 4

1er Bat.on 1er Regiment

1 Section de santé

1/2 escadron 1er Hussards

1000

Gros de la Division

1/2 Peloton 3e Escadron 1er hussards

1080 — 2e Régiment d'Infanterie

2e Batterie de 4

1420 — 1re Batterie de 6

2e Batterie de 6

2490 — 4e Brigade d'Infanterie

100 — Section de santé

640 — Voitures, Ambulance, sans le train de la Division

Avant Garde.

Longueur des troupes	2570
Distance de formation	1500
Somme	4070

Gros

Troupes	4770
Voitures	640
Somme	5410

Total de la longueur de marche

Avant-Garde	4070
Distance du Gros	1000
Gros avec voitures	5410
Total	10480
Brig.de de Cavalerie avec Batterie à cheval	2350
Total	12830
Trains de la Colonne	1220
Total	14050

à l'exclusion de la distance entre la queue de la Division et le train, qui est de 1/2 mille. Donc

Longueur totale 16650

Verdy Du Vernois. — Lith. Muquardt. — Lith. Mucci, Bruxelles.

PL. IV.

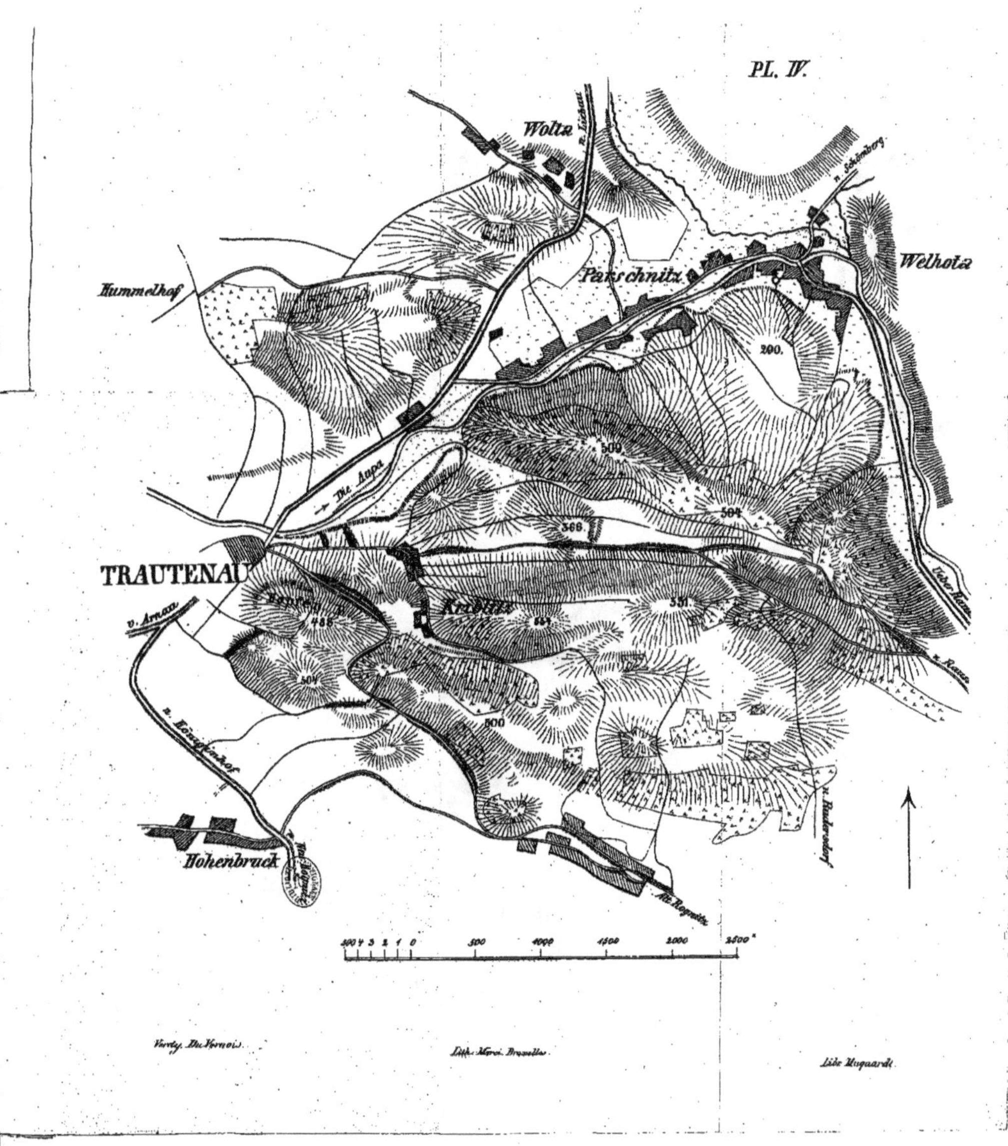

Vierty. Du Vernois. Lith. Merci Bruxelles. Lith. Muquardt.

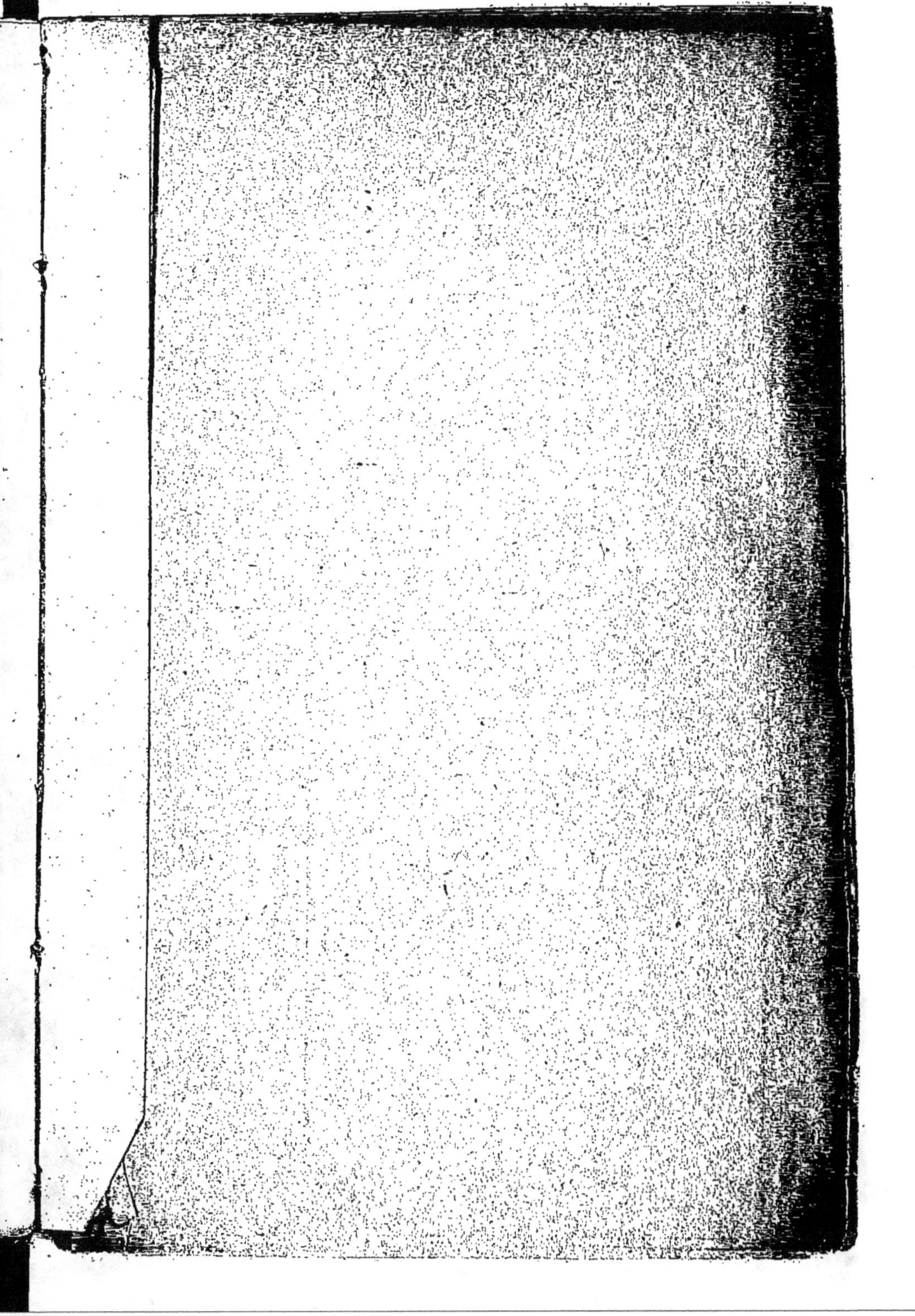

www.ingramcontent.com/pod-product-compliance
Lightning Source LLC
Chambersburg PA
CBHW052217270326
41931CB00011B/2381

* 9 7 8 2 0 1 9 5 2 9 9 0 1 *